Reiki
Recuperar la energía sanadora

Natío | COLECCIÓN

REIKI
Recuperar la energía sanadora

Mauricio López Lumi

Pluma y Papel
Ediciones

López Lumi, Mauricio
  Reiki / Mauricio López Lumi ; ilustrado por
Alejandro Lois - 1a ed. - Buenos Aires : Pluma y
Papel, 2005.
  192 p. ; 23x15 cm. (Natio; 11 dirigida por
Marcelo Caballero)

  ISBN 987-1021-49-6

  1. Autoayuda I. Lois, Alejandro, ilus. II. Título
CDD 158.1.

Natío | COLECCIÓN

Aunque las recomendaciones vertidas en la presente obra han sido elaboradas e inspeccionadas detenidamente por el autor y la editorial, éstos no pueden dar garantías de las mismas. Queda totalmente decartada la responsabilidad tanto del autor como de la editorial, respectivamente, y de sus representantes, por daños físicos, materiales o patrimoniales.

Producción y redacción: Rosa Gómez
Diseño tapa: PensArte
Diseño interior: Silvia Ojeda
Ilustraciones: Alejandro Lois

© 2005 by Pluma y Papel
Ediciones de Goldfinger S.A.

ISBN 987-1021-49-6

Pluma y Papel Ediciones
Juncal 4651
C1425BAE - Buenos Aires - Argentina
plumaypapel@delnuevoextremo.com

Queda hecho el depósito de Ley 11.723

Reservados todos los derechos.
Esta publicación no puede ser reproducida, ni en todo ni en parte, ni registrada en, o transmitida por un sistema de recuperación, en ninguna forma ni por ningún medio, sin el permiso expreso por escrito de la editorial.

Impreso en Argentina - Printed in Argentina

Tirada de 3.000 ejemplares

Índice

PARTE I. LOS FUNDAMENTOS DEL REIKI

CAPÍTULO 1 / ¿Qué es el Reiki? 15
    Reiki: la Energía Vital Universal 16
    El Reiki como método terapéutico 17
    Reiki y autocuración 19
    Cuándo aplicar Reiki 21
    Efectos del Reiki 22
    ¿Quiénes pueden dar Reiki? 26
    Requisitos legales y personales para dar Reiki 27

CAPÍTULO 2 / Historia y actualidad del Reiki 29
    El redescubrimiento del Dr. Usui 30
    La herencia del Dr. Usui: Chijiro Hayashi 34
    Hawayo Takata 35
    Reiki Alliance 36
    A.I.R.A./ T.R.T.A.I. 37
    El Linaje Reiki 37
    Otras instituciones de Reiki 38
    Corrientes del Reiki 38
    ¿Cuál es el mejor Reiki? 41

CAPÍTULO 3 / Los principios del Reiki 43
    "Sólo por hoy, no te preocupes" 44
    "Sólo por hoy, no te enojes" 46
    "Sólo por hoy, honra a tus padres, maestros y personas mayores" 47
    "Sólo por hoy, realiza tu trabajo honradamente" ... 47
    "Sólo por hoy, sé agradecido con la vida" 48

CAPÍTULO 4 / **Conexiones energéticas: auras y chakras** 51
    La visión total del mundo 51
    La conexión personal con Reiki 52
    Nuestro sistema energético 53
    El aura o sistema aúrico 54
    Los chakras 56
    Los chakras y el conducto central 58
        Primer chakra: básico, raíz o fundamental 60
        Segundo chakra: del bazo, sacro u ombligo 61
        Tercer chakra: solar 62
        Cuarto chakra: corazón, cardíaco, cordial
        o anímico 63
        Quinto chakra: laringeo o garganta 64
        Sexto chakra: frontal, del entrecejo o tercer ojo .. 65
        Séptimo chakra: corona, coronilla o coronario ... 66

CAPÍTULO 5 / **Los bloqueos** 69
    Causas de los bloqueos 69
        Los sentimientos reprimidos o no vividos 70
        Las necesidades básicas insatisfechas 71
        Las influencias negativas 71
        Los conflictos no resueltos 72
        Las influencias del entorno materialista 73

PARTE II. ENSEÑANZA Y APRENDIZAJE DEL REIKI

CAPÍTULO 6 / **Introducción a la enseñanza del Reiki:
    niveles y maestros** 77
    Niveles de iniciación 78
        Nivel I: Seminario de iniciación 78
        Nivel II: Seminario de profundización 79
        Nivel III: Formación de maestro 80
    Los días de purificación 80
    Modalidades de enseñanza 81
    El papel del maestro 81
    Cómo elegir maestro 83

Cómo ser un buen alumno	84
Cómo ser un buen canal	85

Capítulo 7 / Los símbolos del Reiki 87
    Los cuatro símbolos del Reiki tradicional 88
    El Símbolo del Poder o de la Activación
    (*Cho Ku Rei*) 89
    El Símbolo Mental-Emocional o de
    Armonía. (*Sei He Ki*) 90
    El Símbolo de la Distancia o del Espacio-Tiempo
    o Símbolo para la curación a distancia
    (*Hon Sha Ze Sho Nen*) 91
    El Símbolo Maestro (*Dai Ko Myo*) 93

Capítulo 8 / Nivel I 95
    Cuándo realizarlo 95
    Preparándose para el seminario 96
    Relato de un seminario de nivel I 96
    La iniciación de primer grado 98
    Volviendo a casa 99

Capítulo 9 / Nivel II 101
    El seminario de nivel II 101
    Los símbolos 102

Capítulo 10 / Nivel III 105
    Examinando las motivaciones 105
    A la busca del maestro 106
    Cuándo iniciarlo 107
    Transitar la maestría 107

Parte III. Guía de tratamientos

Capítulo 11 / Autotratamiento 111
    Ventajas del autotratamiento 111
    Preparación para el autotratamiento 112
    Secuencia de autotratamiento 112

CAPÍTULO 12 / **Tratamiento básico** 123
    La importancia de los cuatro tratamientos
    consecutivos 123
    Cómo debe prepararse el terapeuta 123
    Cómo debe prepararse el paciente 125
    Optimizando el entorno 125
    A modo de preámbulo: armonizar el campo áurico . 126
    Reiki y meditación 127
    El tratamiento básico paso a paso 128
    Indicaciones para un tratamiento más efectivo 146
    Reiki, karma y dinero 147

CAPÍTULO 13 / **Armonización de chakras** 151
    Ejercicio de autotratamiento para armonizar y
    recargar el chakra corazón 151
    Ejercicio de autotratamiento para recargar
    el chakra garganta 152
    Ejercicio de autotratamiento para recargar
    el chakra del tercer ojo 153
    Ejercicio de autotratamiento para recargar
    el chakra de la coronilla 153
    Ejercicio de autotratamiento para recargar
    las manos y disolver bloqueos 154
    Secuencia de autocuración sobre los chakras 154
    Tratamiento corto en pareja sobre los chakras 158

CAPÍTULO 14 / **Reiki a distancia** 163
    Cómo operar a distancia espacial 164
    Mandar Reiki a un momento del pasado 165
    Enviar Reiki a un momento en el futuro 165

PARTE IV. OTRAS CUESTIONES VINCULADAS AL REIKI

CAPÍTULO 15 / **Ámbitos operativos del Reiki** 169
    Reiki y embarazo 169
    Reiki en el parto 170

El Reiki, los bebés y los niños 170
Reiki para animales domésticos 171
Reiki para plantas 172
Reiki y vida sexual 172
Reiki en hospitales y clínicas 173
Reiki, empresas y grupos de trabajo 174
Enviar Reiki al planeta 174

CAPÍTULO 16 / Posibles problemas 177
¿Puede el Reiki tener efectos negativos? 177
¿Y si el Reiki no funciona? 178
Las crisis curativas 179

CAPÍTULO 17 / Gemas y cristales: auxiliares de la Energía Vital Universal 181
¿Por qué los cristales y las gemas favorecen el Reiki? 181
El poder del cuarzo 182
Las gemas para cada chakra 182
Cómo preparar gemas y cristales para el Reiki 183

CAPÍTULO 18 / El Reiki y su vinculación con otras terapias . . 185
El Reiki y el masaje 185
El Reiki y el shiatsu 186
El Reiki y la acupuntura 186
El Reiki y el Yoga 187
El Reiki y la medicina homeopática 187
El Reiki y las flores de Bach 188
El Reiki y la psicoterapia 189
El Reiki y la medicina convencional o alopática 190

Parte I
LOS FUNDAMENTOS DEL REIKI

CAPÍTULO 1

¿Qué es el Reiki?

En las últimas décadas, Occidente ha presenciado la disponibilidad pública y la aceptación general de distintos tipos de terapias alternativas de salud. Aromaterapia, shiatsu, Reiki, terapia floral (flores de Bach, de California, etc.) reflexología, acupuntura, moxibustión, Tai Chi Chuan, auriculoterapia, gemoterapia... y la lista podría seguir.

Bajo ese amplio paraguas de las denominadas "medicinas alternativas" al que acabamos de aludir, existe una variedad de terapias que pueden ser denominadas como *medicina energética*. La medicina energética es un amplio campo que cubre una variedad de prácticas terapéuticas de muchas partes del mundo. Básicamente, se caracteriza por lograr resultados, tanto a nivel físico como psíquico, a partir de operar sobre el cuerpo energético de la persona, lo cual puede hacerse a partir de los denominados *chakras*, de los meridianos transportadores de energía o del aura o cuerpo áurico. Una forma de medicina energética que ha estado creciendo en popularidad se denomina Reiki. Si bien cada una de estas terapias energéticas está basada en la existencia de una energía no física que permea el universo, la naturaleza de esa energía, la forma de las terapias y cómo se considera que se conserva o se arriba a un estado de buena salud varían de cultura en cultura. Esta energía se denomina de diversas formas. *Prana*, por ejemplo, es el nombre que recibe en la India. El prana es la energía básica vital, la fuerza cósmica que mantiene la vida, el flujo energético eterno que une los cuerpos físicos con los sutiles. Sin prana, no hay existencia posible. Un concepto muy similar recibe en China el nombre de *Chi*, principio activo que resulta de la dinámica entre el Yin y el Yang, fuerza vital de la que depende el cuerpo físico del ser humano. El Chi constituye uno de los conceptos que opera a modo de pilar para la medicina tradicional china. Los cristianos hablan de la *luz* o la *fuerza divina*. Los rusos utilizan el término *bioplasma*. Wilhem Reich, fundador de la ciencia bioenergética, la denomina *energía Orgon*. En Japón, esa energía vital a la que estamos aludiendo recibe el nombre de Ki. Adopta diversas formas y está presente en todo lo que tiene vida. Es la esencia de quienes somos como seres humanos; es una parte integral de nuestro ser.

> *A través de la historia, en textos y relatos de culturas diversas y variadas tradiciones podemos encontrar múltiples pruebas sobre los conocimientos que tenían las más variadas tribus, etnias y pueblos acerca de cómo canalizar la energía vital universal, denominada* chi *por los chinos,* prana *por los hindúes y* luz *o* fuerza divina *por los cristianos. Todos ellos, ya sean iniciados o maestros, aprendían cómo curar o aliviar dolencias y enfermedades varias poniendo en movimiento y canalizando adecuadamente la Energía Vital Universal.*

Reiki: la Energía Vital Universal

Reiki es un término japonés que significa "Energía Vital Universal" o "Energía Universal de Vida". La sílaba *Ki* alude a la energía universal, ilimitada e inagotable; Rei constituye parte de ese gran caudal energético: nuestra fuerza personal. De esa manera, Reiki alude a la confluencia de la Energía Vital Universal con nuestra fuerza vital personal; hace referencia a la intersección y al intercambio entre la fuerza del Todo universal y la potencia energética individual, presente en todo ser humano.

Esas dos energías se complementan y potencian para canalizarse por nuestras manos, mirada, soplido y mente, previo a ser "iniciado" o "alineado" por un maestro tradicional de Reiki o, aun, sin haber tomado jamás una sesión de Reiki. ¿Cómo se explica esto y qué ventajas tiene entonces, dar o recibir Reiki? Reiki es natural y todos podemos acceder a él. De hecho, lo poseemos por la simple razón de estar vivos. Pero sucede lo mismo que, por ejemplo, con la inteligencia o la musculatura. Esa capacidad intelectual natural denominada "inteligencia", con la que todos venimos al mundo, puede ser aumentada a través del estudio, de la misma manera en que los músculos pueden incrementar su tamaño a través de la ejercitación adecuada. Asimismo, esto es aplicable a nuestra energía y al Reiki como método terapéutico (ver más abajo). Reiki es energía universal, viva e inteligente, por lo cual tomar una sesión de Reiki es el comienzo de un nuevo paso hacia una vida equilibrada, sana y feliz.

> *Reiki es la energía absoluta, inagotable, que todo lo abarca y que llena todo el espacio que nos rodea. Es la fuerza que fluye en todo ser vivo —humanos, animales y plantas— es el vigor que hace nacer y crecer todo y que mantiene la vida. Es la energía que todo lo mueve y lo relaciona entre sí.*

El Reiki como método terapéutico

La palabra Reiki describe también los métodos con cuya ayuda se transmite esa Energía Vital Universal. Es una metodología terapéutica natural y fácil de aprender que consiste en utilizar el poder de las manos sobre nosotros mismos, otra persona, planta o animal de modo tal de transmitir la Energía Vital Universal. El tratamiento concreto se efectúa por imposición de manos, cubriendo todo el cuerpo físico, trabajando sobre los chakras (ver capítulo correspondiente) y armonizando los cuerpos sutiles. De esa manera, nos convertimos en el canal transmisor de esa energía que fluye emitiendo y difundiendo calor, con toda su fuerza, a través de nuestras manos. El hecho de ser canal transmisor significa que con la utilización del Reiki no nos desprendemos de nuestra energía personal, sino que, operamos como camino para que transite la Energía Vital Universal y que, al tratar a otra persona, nosotros mismos nos estimulamos. De hecho, los tratamientos periódicos con Reiki intensifican el flujo de energía y activan la fuerza de autoterapia de quien los realiza.

¿Cómo actúa el Reiki? Quitando las obstrucciones o bloqueos al libre flujo de la Energía Vital Universal que puedan existir en cualquier lugar del cuerpo, de manera tal de recuperar la armonía y el equilibrio energético, ya que se considera que esas obstrucciones, que surgen de pensamientos, acciones y sentimientos negativos, son la causa fundamental de la enfermedad. Desde esta perspectiva, el origen de las dolencias y malestares se encuentra en un desequilibrio energético de alguna índole. Tanto un dolor de cabeza, como la hipertensión o las caries, así como una personalidad agresiva en exceso o los sentimientos reiterados de tristeza, no son más que manifestaciones de alguna desarmonización energética.

El Reiki nos ayuda a trabajar sobre nosotros mismos y en otros a través de la Energía Vital Universal, promoviendo la salud y la armonización en todos los niveles de la persona (energético, físico, emocional y mental) conectando con el Ser Esencial o chispa divina el nivel espiritual del individuo y, por lo tanto, diluyendo esos bloqueos que atentan contra la armonía de la persona.

Desde lo terapéutico, el Reiki es una metodología de sanación que contribuye a que experimentemos la integración en un todo vivo universal —que nos contiene y nos excede— y, con ello, ayuda a satisfacer otra necesidad básica: la de pertenencia, la de formar parte de algo. Desde este punto de vista, el Reiki, en tanto terapia, es la herramienta que nos reconecta con nuestro origen y con el núcleo del ser humano, lo cual nos permite desarrollar la fuerza desde el centro de nuestro caudal espiritual-mental y a partir de nuestro potencial creativo.

Reiki limpia, endereza y sana los caminos de la energía, lo cual permite que la fuerza vital fluya de una forma saludable y natural. De esa manera, el Reiki mejora la salud física, mental y emocional. La energía de armonización del Reiki actúa en el ámbito causal. Llega a la causa que provoca el desajuste en nuestro ser y opera desde y a partir de allí, de manera profunda.

El Reiki tiene su propia inteligencia y sabe qué es lo que cada persona necesita. La energía va directa y específicamente al lugar o los lugares, a los órganos o chakras que necesitan curación y armonía. Al comenzar el tratamiento, la energía puede empezar a trabajar en un nivel, lugar u órgano totalmente diferente al que nosotros habíamos anticipado o planificado. El Reiki siempre nos muestra la oportunidad de efectuar una curación a un nivel tan profundo como estemos preparados. A veces sentimos que no estamos listos para confrontar aquello que aflora a la superficie; cuando es así, el Reiki actúa de una manera muy suave, apoyándonos sin invadir en lo absoluto nuestro momento interno.

> *El Reiki no es una religión: puede ser practicada por personas de cualquier credo o fe sin que entre en ningún tipo de contradicción con sus creencias. El Reiki es para todos porque es un legado del Universo. Somos todo energía y, por lo tanto, el Reiki actúa sobre la totalidad de nuestro ser, equilibrando nuestro campo físico, mental, emocional y espiritual, permitiéndonos y posibilitándonos encontrarnos con la esencia cósmica o divina que está presente en cada uno de nosotros, mas allá de nuestras creencias religiosas, las tengamos o no.*

Reiki y autocuración

La autocuración es un punto fundamental en la terapia Reiki. Estar enfermo significa estar energéticamente desequilibrado. Si alguien ha caído enfermo, quiere decir que ha perdido la capacidad de sanarse a sí mismo. El cuerpo por sí solo tiene los mecanismos para autocurarse pero, en algunos momentos de la vida, por causas diversas, la capacidad de autocuración está disminuida o, directamente, no funciona. En esos casos, el Reiki ayuda a reconectarse con la propia fuente de autocuración. Cuando nuestro Ki es fuerte, nosotros estamos física, emocional, mental y espiritualmente sanos. Por el contrario, cuando nuestro Ki está en un nivel muy bajo, podemos enfermarnos o desequilibrarnos en varias formas. En este último caso, una de las maneras en que podemos reabastecernos de Fuerza Vital Universal es usar el Reiki.

Este método tiene la posibilidad de autotratamiento, porque la terapia con Reiki implica que el mecanismo que posee todo cuerpo funcione correctamente o, al menos, al máximo de la capacidad que ese organismo posea en ese momento de su existencia. ¿De qué manera? Simplemente haciendo que esté en armonía y en equilibrio, dos parámetros esenciales para que el cuerpo empiece a trabajar en su autocuración. A este proceso hay que añadir la propia energía que aporta el Reiki, cuya frecuencia de vibración es muy alta y que permanece trabajando en el cuerpo del paciente por un período aproximado de 24 horas, luego de que la sesión de Reiki ha finalizado.

> *El Reiki es una de las herramientas más maravillosas de que disponen el hombre y la mujer contemporáneos para afrontar una vida que, especialmente en el mundo occidental, se encuentra cada vez más lejos del ritmo y la armonía natural de la existencia. Es, simplemente, un método de curación y sanación absolutamente natural para quienes tienen necesidad de él y que pone a su disposición de manera sencilla la maravillosa posibilidad de restablecer la armonía dañada y reencontrar el equilibrio perdido.*

Cuándo aplicar Reiki

Se puede afirmar que el Reiki actúa positivamente a todos los niveles energéticos y en todas las patologías. Enfermedades degenerativas, molestias corporales de índole diversa, disfunciones metabólicas, lesiones orgánicas profundas, dolores agudos y crónicos, bloqueos energéticos, tensiones musculares y nerviosas, depresión y falta de vitalidad, insomnio, fobia, estrés en sus varias manifestaciones: en todas ellas el Reiki aporta curación. En tanto y en cuanto todas tienen su origen en algún tipo de desequilibrio energético, al armonizar la energía vital, el Reiki ayuda notablemente a su sanación. Incluso en enfermedades graves, como los diversos tipos de cáncer, el SIDA y otras manifestaciones de inmunodepresión, el Reiki es una excelente terapia de apoyo que coadyuva a la o a las implementadas por la medicina que podríamos denominar "tradicional".

Prácticamente todo el ámbito de la patología humana responde de manera positiva a la sanación por Reiki. Algunos ejemplos de ello son:

- Las heridas se cicatrizan más rápidamente.
- Alergias e intolerancias varias, tales como el asma y otras manifestaciones físicas, que frecuentemente tienen origen psicológico, se pueden aliviar y curar por la acción armonizadora del Reiki sobre el sistema inmunológico.
- Disfunciones de carácter endócrino, tal como la diabetes, se regularizan progresivamente, permitiendo de esa manera una saludable disminución de las terapias hormonales.
- Los pacientes oncológicos tratados con quimio y radioterapia notan alivio y experimentan un incremento de la vitalidad en general y de las defensas inmunológicas en particular, cuando toman Reiki.
- En los embarazos la terapia de Reiki armoniza tanto a la madre como al bebé, colaborando a que la gestación sea un período sin contratiempos.
- También proporciona una valiosa ayuda en el campo del equilibrio emocional, restableciendo la armonía en situaciones traumáticas y conflictivas, como son las relaciones familiares y profesionales.

> *Las manos de quien aprende Reiki se convierten en canales a través de los cuales fluye la energía natural –que nos rodea todo el tiempo y que nos da vida– sin dar de su vitalidad ni absorber la de las demás personas.*

Efectos del Reiki

Los efectos del Reiki varían según los individuos y las necesidades del organismo; no obstante, existen similitudes en un proceso de curación y de optimización energética a partir del Reiki. Diferencias al margen, el desarrollo es el siguiente: la imposición de manos y el traspaso de energía que esto conlleva, hace que se liberen las cargas negativas (tanto físicas como emocionales) equilibrando los circuitos energéticos y las funciones metabólicas del cuerpo. Como consecuencia de ello, se alivian las tensiones y dolores de todo tipo y aumenta el nivel energético, proporcionando vitalidad física y revitalizando y rejuveneciendo todo el organismo. Otras consecuencias son la calma mental y la tranquilidad de espíritu.

Los efectos en sanación generalmente producen una armonización completa y multidimensional en las distintas esferas del ser humano, transformándolo y desarrollándolo interiormente. Los más notables suelen ser los siguientes:

Efectos a nivel corporal:

- **Estimulación de las fuerzas internas de autosanación.** El Reiki estabiliza el sistema de autodefensa de nuestro cuerpo, refuerza el sistema inmunológico y reactiva las fuerzas autocurativas.
- **Equilibrio de los centros y circuitos energéticos (chakras y aura o sistema aúrico).** Todo cuerpo posee un campo energético que lo rodea (aura) y siete vórtices de energía alineados a lo largo de la columna vertebral en la zona frontal del cuerpo (chakras). La misión de ambos es conectar, captar y almacenar la Energía Vital Universal. Cuando en alguno de estos cir-

cuitos energéticos se produce un desequilibrio o bloqueo, aparece la enfermedad. El Reiki armoniza y equilibra estas conexiones energéticas con el consecuente bienestar físico y psíquico de la persona.

- **Aumento del nivel energético.** Con la armonización y el equilibrio que aporta el Reiki toda persona que toma contacto con él percibe rápidamente un notable incremento de su energía y, por ende, también experimenta una notable optimización de la vitalidad, tanto física como anímica. Algunas consecuencias de ello son que duermen menos tiempo pero más profundamente y se levantan más descansados, se sienten más optimistas y con más ganas de trabajar, generan proyectos y planes, etcétera.
- **Estimulación de los órganos excretores (vejiga, intestino y piel).** A través de ellos el organismo expulsa impurezas y toxinas. En la mayoría de las personas, éstas se han acumulado durante años. Quizá por una alimentación equivocada o por el consumo de sustancias tales como alcohol o tabaco, muchos organismos se encuentran intoxicados, lo cual suele evidenciarse en, por ejemplo, deposiciones muy oscuras y de olor sumamente desagradable. El Reiki efectúa una limpieza energética a fondo que revitaliza el cuerpo en su totalidad y esto se debe, en parte, a la estimulación que produce en los órganos excretores de modo tal que éstos optimizan su función y desintoxican el cuerpo.
- **Estimulación del sistema glandular endócrino y metabólico.** El Reiki "detecta" cualquier bloqueo energético en estos dos ámbitos y los lleva progresivamente a un equilibrio armónico.
- **Alivio de las tensiones musculares y de los dolores.** Con el tratamiento Reiki comienza a extenderse por todo el cuerpo una benéfica sensación de relajación que produce tranquilidad y reduce el estrés. Ello alivia la tensión muscular y los dolores originados en ella.
- **Mejoría de síntomas diversos.** En tanto y en cuanto todo síntoma es, para el Reiki, una perturbación del flujo energético,

cuando la energía se armoniza y equilibra, los síntomas se atenúan para, luego, desaparecer. Dolores crónicos de cabeza, efectos secundarios de la quimioterapia así como también sensaciones de angustia o trastornos fóbicos encuentran en el Reiki un excelente aliado para el tratamiento occidental tradicional.

- **Rejuvenecimiento de todo el organismo.** La estimulación de las fuerzas autocurativas de los órganos excretores y del sistema endócrino y metabólico; el equilibrio de los diversos sistemas energéticos y el alivio de tensiones y síntomas trae aparejada una consecuencia lógica: el rejuvenecimiento. Si el ser joven se caracteriza, en alguna medida, por el buen funcionamiento del organismo, la optimización orgánica que produce el Reiki, bien podría caracterizarse como "rejuvenecimiento". El cuerpo funciona mejor y las mismas personas que reciben Reiki describen los cambios en términos tales como: "Me siento más joven", "Parece que tuviera nuevamente 30 años", etcétera.

Efectos a nivel emocional, intelectual y espiritual

- **Liberación de emociones reprimidas.** Debido al desbloqueo que el Reiki provoca en él o los chakras que se encontraban desarmonizados, no es del todo extraño (es más: suele ser una consecuencia relativamente usual) que se comience a experimentar sentimientos no vividos, disimulados o negados. Si bien esto puede asustar a la persona en una primera instancia, lo cierto es que con ello se pone en marcha un proceso de autopercepción sensible que beneficia anímicamente al individuo y ayuda notablemente a su evolución espiritual.

- **Amonización de la esfera psico-afectiva de la persona.** El equilibrio de los chakras, el aumento del nivel energético y la liberación de las emociones reprimidas encaminan lentamente a la persona a cambios profundos en al ámbito afectivo. Algunas consecuencias de ello son mayor autopercepción de los propios sentimientos y más libertad para poder expresarlos.

- **Descenso de los niveles de ansiedad** y, como consecuencia de ello, del consumo de ciertas sustancias nocivas para el orga-

nismo, tales como bebidas alcohólicas, tabaco y tranquilizantes.
- **Incremento de las funciones intelectuales.** Cuando recibimos tratamientos con Reiki, crece nuestra capacidad de concentración, de retención y de asimilación, por lo que se constituye en una herramienta fundamental para optimizar la memoria, resultando un excelente recurso para, por ejemplo, los estudiantes.
- **Apertura intelectual y espiritual.** Como consecuencia de todos los efectos que venimos enumerando y explicando, un tratamiento prolongado con Reiki produce una suerte de dilución de las estructuras rígidas de pensamiento, provoca el cuestionamiento de viejos prejuicios y empuja a la persona a convertirse a una vida racional y espiritualmente más abierta y rica.
- **Incremento de la creatividad.** Como lógico resultado (y, paradójicamente, también como causa) del punto anterior, el Reiki otorga creatividad, flexibilidad y abre caminos y senderos (en sentido metafórico, claro está) que para el individuo se encontraban cerrados hasta ese momento.

Con la práctica asidua del Reiki se logran, además, estadios espirituales y perceptivos sumamente especiales. Por ejemplo, se puede incrementar el nivel de conciencia, aumentar o variar la percepción de la realidad circundante y potenciar el crecimiento personal a todo nivel. En suma: **el Reiki es una herramienta fundamental para todo aquel individuo interesado en su evolución.**

> *El Reiki es un excelente método para reducir el estrés y, con ello, fortalecer el sistema inmunológico del organismo. Muchos profesionales de la curación de diferentes ramas (terapistas físicos, psiquiatras, kinesiólogos, etc.) han empezado a combinar el Reiki con los métodos de curación que ellos usan habitualmente a fin de obtener resultados más integrales y satisfactorios.*

> *El Reiki equilibra, armoniza y desbloquea la energía tanto en la persona que lo recibe como en quien lo transmite. Cuando experimentamos Reiki, ya sea con nuestras propias manos o recibiéndolo de algún iniciado, sentimos que la sensación de calma nos invade y que la relajación comienza a habitar en nuestra mente y en nuestro cuerpo. Grandes curaciones en todos los niveles suceden a partir de este estado de quietud y armonía.*

¿Quiénes pueden dar Reiki?

El Reiki es una técnica de transferencia de energía curativa que no requiere ninguna condición especial para su implementación: cualquier persona puede practicarlo y gozar de sus beneficios, sin importar sus creencias religiosas, nivel de educación, sexo ni raza, por mencionar algunas variables. Para ello, debe activar su capacidad mediante una iniciación, llamada también "armonización" (que es facilitada por un maestro) en la que el estudiante es capacitado para canalizar de manera adecuada y terapéutica esa Energía Vital Universal. Tal como lo explicitamos más arriba, el reikista es un conductor de esa Energía Universal y no usa su energía vital, por lo que nunca se verá privado de ésta durante su práctica.

> *Cuando hablamos de Ki, de Energía Vital Universal, es necesario y fundamental tener presente que no debe entenderse de manera literal. Cada persona puede encontrar el término que más la satisfaga, tranquilice o convenza: Energía Cósmica, Amor, Dios o Consciencia Trascendental, entre otros. El Reiki puede recibir todas esas denominaciones porque, en todos los casos se habla, básicamente, de lo mismo.*

Requisitos legales y personales para dar Reiki

No hay nada que impida tratar con Reiki a amigos, parientes y conocidos. Para ello, es suficiente con estar iniciado en el arte de ser un canal transmisor de Energía Vital Universal y con el deseo de ayudar a otras personas. El Reiki fluye por sí mismo, sabe hacia donde dirigirse y, por lo tanto, no es necesario hacer un diagnóstico ni poseer conocimientos de medicina.

Sin embargo, nunca debe perderse de vista que aplicar un tratamiento implica siempre la asunción de un cierto grado de responsabilidad. La persona que se dirige a un reikista solicitando ayuda deposita en ese individuo una confianza que no puede ni debe ser defraudada.

Si bien para aplicar Reiki no es necesario ningún tipo de conocimiento médico, determinados problemas precisan inevitablemente de un tratamiento sintomático que el Reiki no puede proporcionar. Varias veces insistiremos a lo largo de este libro en el hecho de que **el Reiki no reemplaza de ninguna manera al tratamiento médico, en caso de haberse diagnosticado una enfermedad.**

Como última, pero fundamental indicación, agregaremos que es absolutamente indispensable conocer la base legal que rige en el país donde se quiera practicar Reiki a terceros.

CAPÍTULO 2

Historia y actualidad del Reiki

La cura por imposición de manos tiene una, podríamos llamarla, "prehistoria" milenaria: es lo que hoy se conoce como *doctrina primitiva del Reiki*. Por otro lado, tiene una "historia" que empieza en el siglo XIX con el descubrimiento del Dr. Usui, continúa con sus discípulos y llega hasta nuestros días.

En realidad, y bien vale aclararlo, lo que el Dr. Usui realizó no fue un descubrimiento en el sentido cabal del término, sino un redescubrimiento de un saber que había logrado sobrevivir a través de siglos y siglos. Usui se convierte, de esa manera, en una suerte de renovador de la doctrina primitiva del Reiki al sumar a cierto número de prácticas antiguas, arcaicas y atávicas, otras más modernas.

El redescubrimiento del Reiki y la posibilidad de haberlo vuelto accesible, son méritos innegables del Dr. Usui y sus sucesores, pero lo cierto es que las raíces de esta disciplina se hunden en la noche de los tiempos. Un poco más adelante, en el siguiente tópico, se podrá ver cómo Usui se encontró en el Reiki con los antiguos sutras budistas, con lo cual podemos afirmar sin temor a equivocarnos, que es evidente que tanto Buda como sus discípulos conocían las virtudes del Reiki como método curativo y las aprovechaban.

El redescubrimiento del Dr. Usui

Para hablar del Reiki moderno resulta ineludible hacer referencia al ya mencionado Dr. Usui. Pero, antes de abordar la historia de su vida, se hace necesario realizar una advertencia: conviene señalar que la biografía de Usui continúa permaneciendo "entre la historia y la leyenda", debido tanto a los mitos entretejidos por los recuerdos y la imaginación de sus discípulos, como a la escasa documentación del momento y a las inexactitudes propagadas por algunas personas irresponsables.

Por cierto, se trata de una historia tan sugestiva e inspiradora que vale la pena conocerla aunque, por momentos, se hace muy difícil deslindar la verdad del mito.

A esto que acabamos de mencionar se le suma otra circunstancia: todo lo que hoy conocemos sobre el Reiki y su historia proviene de una fuente única, los relatos verbales de Hawayo Takata, maestra de Reiki e hija del continuador de Usui, el Dr. Chijiro Hayashi. ¿Cuál es la causa de ello? No se sabe con exactitud pero, muy probablemente, la documentación acerca del Reiki existente en el país donde se desarrolló (o sea, Japón) se extravió durante la Segunda Guerra Mundial al tiempo que también se perdieron los recursos que les permitían a los descendientes y a los discípulos del Dr. Hayashi continuar con la clínica que él había fundado. La Sra. Takata había aprendido la técnica Reiki antes de la guerra, no estuvo en Japón cuando ésta sucedió y pudo difundirlo más tarde en Estados Unidos, país a partir del cual se extendió al resto del mundo

Hechas las aclaraciones pertinentes, vayamos a la historia que da título a este apartado:

El nombre completo del maestro era Mikao Usui y había nacido el 15 de agosto de 1865, en Kioto, Japón. Aunque se carece de datos completamente fiables, parece ser que el joven Usui trató de formarse concienzudamente en asuntos como filosofía, psicología, religión y sanación con energías. Hasta bien entrada su existencia, ésta no tuvo aparentemente nada de extraordinario. Se casó, trabajó en varios oficios y tuvo dos hijos. Pero lo cierto es que, desde joven, Usui se venía planteando una cuestión fundamental: ¿Cuál es el verdadero objetivo en la vida de todo ser humano? Convencido de que esa meta era alcanzar la paz y la iluminación espiritual, Usui sigue varios caminos espirituales. Por un lado, se acerca al cristianismo al ver en esa doctrina una forma de servir a su fe, interesándose también en divulgarla. Por otro lado, también se acerca al budismo haciéndose adepto a la escuela Tendai, suerte de budismo tántrico japonés, tradición amante de los símbolos. Si bien no se descarta que también haya practicado otras disciplinas espirituales, se considera que éstas son las dos fuentes esenciales en las que abrevó el redescubridor del Reiki.

Pero los años pasaban y Usui no encontraba aquello que tanto buscaba: el sentido final de la vida, los secretos de la energía y de la iluminación. Y no es que hubiera cejado en su intento por encontrarlos. Durante ese tiempo había emprendido un viaje a Estados Unidos con la intención de estudiar teología en la Universidad de Chicago, donde se doctoró en la materia elegida para, luego, volver a Japón. Siempre embarcado en la búsqueda de respuestas satisfactorias para su interrogante primordial, encontró testimonios que relataban que Buda había efectuado curaciones "milagrosas", investigó esos documentos y viajó por el Japón, visitando gran cantidad de monasterios zen, a fin de estudiar las traducciones al japonés de los sutras. Como por ese camino no conseguía progreso alguno, decidió estudiar chino para, de esa manera, acceder a fuentes mucho más antiguas: las traducciones chinas de los sutras. Pero por ese sendero tampoco llegaba a su objetivo final. Probó con el estudio del sánscrito y emprendió un viaje en busca de conocimientos por Tíbet y la India... nada lo daba por conforme. Usui sentía que sus conocimientos intelectuales, indudablemente, avanzaban, pero que la verdad última y trascendental lo esquivaba, como si se complaciera en jugar a las escondidas con el maestro. Lograba saber mucho, pero no llegaba a comprender.

Finalmente y ya un tanto desalentado, aunque no vencido, consultó con su maestro y éste le conminó a que probase "a morir una vez". Entonces, Usui decidió realizar el último esfuerzo, aunque pudiera costarle la vida: subió al sagrado monte Kuriyama, situado en las afueras de Kioto y lugar habitual de meditación del budismo japonés, para comenzar un retiro con ayuno que duraría veintiún días.

En cuanto llegó a su destino, colocó veintiún pequeñas piedras frente a su cabaña, para ir retirando una de ellas cada día. Sus jornadas eran sólo para el ayuno, la oración y la meditación pero, a pesar de que cumplía de manera férrea con la disciplina que se había impuesto, no conseguía que ningún conocimiento superior se le revelase.

Hasta que llegó el último día: su última jornada en la sagrada pero inhóspita y dura montaña. Estando en su ejercicio, en la medianoche del día vigésimo primero, Usui sintió de pronto en el chakra del entrecejo (el denominado *tercer ojo* de los hindúes) el impacto de una luz increíblemente potente y resplandeciente. Creyendo que estaba muerto o que estaba siendo presa de alucinaciones producto del ayuno, comenzó a percibir un arco iris formado por miles de pequeñas burbujas de colores. Vio, entonces, los símbolos, los sutras que luego se utilizarían en las iniciaciones de Reiki. Usui había encontrado, finalmente, el camino: ya estaba cerca de descubrir el Reiki. Cuando despertó, fue consciente de haber alcanzado el tan anhelado satori, la unión absoluta con el Universo.

Una vez concluida la revelación, comenzó a abandonar la montaña, deseoso de contarle su extraordinaria experiencia a su viejo y sabio maestro que, de manera tan pertinente, le había sugerido que se animara a "morir una vez". Pero antes de llegar a destino, en su camino lo esperaban una serie de milagros que confirmarían que la fuerza del Reiki ya estaba en él.

Apenas emprendió la marcha, y a pesar de haber estado ayunando durante tres semanas, Usui se dio cuenta de que se sentía más fuerte y joven que nunca. Ése fue el primer signo claro del Reiki actuando en él, de la Energía Vital Universal beneficiando su cuerpo y su alma. Al continuar con su descenso, tropezó con una piedra de tamaño más bien considerable y se lastimó un pie. La herida sangraba abundantemente y el dolor era certero. Al colocar instintivamente la mano sobre la herida, vio cómo la hemorragia cesaba, el corte se cerraba y el dolor desaparecía. Ésa fue la segunda vez que experimentó el Reiki en su propio cuerpo. Pero no fue sólo eso; hubo en ese segundo hecho una revelación aún mayor: Usui se dio cuenta de que el Universo le había otorgado la capacidad de sanar, el maravilloso don de la curación. A través de Usui, la humanidad acababa de recibir Reiki.

El maestro llegó luego a una taberna para tomar una colación y reponer las fuerzas luego de tantos días de ayuno. Mientras comía, el dueño del lugar le comentó que su hijo sufría desde hacía varios días un fuerte dolor de cabeza y que él no podía darse el lujo de llevarlo a Kioto para que lo atendiera un médico. Usui pidió verlo con la idea de probar en el muchacho sus recientemente adquiridos poderes, pero sin saber a ciencia cierta si resultarían efectivos en otra persona que no fuera él mismo. Una vez frente al niño, Usui colocó sus manos sobre las sienes del pequeño y las dejó un momento; luego hizo otro tanto con la frente y, en tercer lugar, coloco después sus manos en la nuca del niño. Al cabo de unos minutos, el dolor había cesado. El Reiki había obrado su tercer milagro y Usui, todavía sin saberlo, era ya un "canal" para que la Energía Vital Universal se manifestara en toda su plenitud y, con ello, pudiera beneficiar enormemente a la humanidad toda.

Al llegar al monasterio para visitar a su viejo y querido maestro, Usui encontró al anciano acostado en su cama, sufriendo de fuertes dolores, producto de una artrosis que venía padeciendo desde hacía años. El monje escuchó atentamente el relato de las extraordinarias vivencias experimentadas por Usui mientras éste le daba Reiki aplicando sus manos sobre las articulaciones afectadas. Nuevamente, el resultado fue asombroso: los dolores se diluyeron hasta desaparecer.

Después de pasar algún tiempo meditando, por consejo del monje, Usui sintió que quería (y debía) ayudar con su nuevo don a tantas personas como pudiera. Para ello, se instaló en uno de los barrios más humildes de Kioto, dedicándose por entero a ayudar a enfermos sin recursos. Durante esa etapa de su vida curó a muchas personas pobres y enfermas que vivían allí. Sus tratamientos ayudaron a cambiar muchas vidas, a sanar tanto física como espiritualmente, a encontrar trabajo y a volver a integrarse socialmente.

A su vez, de manera paralela, Usui funda el *Usui Reiki Ryoho Gakkai* en Tokio y comienza a enseñar y a tratar con Reiki en pos de transmitir su descubrimiento a los demás. Para ello, el maestro realizó múltiples esfuerzos de meditación y análisis hasta encontrar el modo de sintonizar a otros con la Energía Vital Universal. De esa manera estableció las ceremonias de iniciación, mediante las cuales los maestros de Reiki capacitan a nuevos practicantes, "honrando el linaje de Usui Sensei". Se sabe que Usui inició a veintiún maestros de Reiki, pero sólo se tiene constancia fehaciente de cuatro de ellos, entre los cuales estaba el Dr. Chijiro Hayashi.

En esos seminarios, que fueron la actividad principal de los últimos años de su existencia, no había mujeres debido a la rigidez de la sociedad patriarcal japonesa. La transmisión del Reiki a través de mujeres, llegaría recién con Hawayo Takata.

Mikao Usui muere el 9 de marzo de 1926, en Fukuyama, a donde había ido por invitación para continuar divulgando sus conocimientos.

El maestro está enterrado en el templo Saihoji de Tokio y en una lápida conmemorativa puede leerse: "Aunque haya fallecido el Maestro, este "Rei Ho" tiene que propagarse y perpetuarse para siempre. ¡Oh, qué hermoso es que Usui Sensei, el Maestro, enseñara a los demás en lugar de aplicarse el Reiki sólo a sí mismo, que en vez de guardar esto sólo para el bien de su familia y de sus descendientes lo difundiera. Deseamos desde nuestro corazón que las generaciones venideras continúen sintiendo respeto hacia su labor al ver esta lápida."

La herencia del Dr. Usui: Chijiro Hayashi

¿Cómo continúa el camino del Reiki una vez que el maestro Usui ya no estaba en este mundo? Algo ya adelantamos, pero ahondemos más en esa historia.

Tal como lo mencionamos líneas más arriba, entre los discípulos de Usui estaba el Dr Chijiro Hayashi, oficial de marina retirado y médico. Hayashi acompañó al maestro en muchos de sus viajes, lo ayudó abnegadamente en su trabajo y aprendió mucho de él. Finalmente, Usui lo ordenó maestro de Reiki y lo nombró su sucesor. Hayashi fundó en Tokio una clínica de Reiki y alcanzó un lugar propio en la historia de esa disciplina al realizar profundas observaciones que le permitieron sistematizar los diferentes tipo de tratamientos, así como determinar qué posición de manos es la que más ayuda en cada circunstancia o dolencia.

Asimismo, Hayashi creó el *Hayashi Reiki Kenkyukai* para investigar el Reiki. Con el tiempo llegó a formular técnicas y métodos propios, lo que se conoce como el *Reiki estilo Hayashi*, que terminaría por convertirse en el Reiki Occidental. Finalmente, fallece en 1941 habiendo dejado un método personal de Reiki y a su sucesora.

Hawayo Takata

El Dr Chijiro Hayashi, sucesor de Usui, y Hawayo Takata, una ciudadana americana de origen japonés que sería sucesora de Hayashi, se conocieron en la clínica de este último. La Sra. Takata sufría de cáncer y le habían recomendado someterse a una intervención quirúrgica para extirpar el tumor. Ella, siguiendo una voz interior, se negó a dejarse operar y, en lugar de ello, se trató durante varias semanas con el Reiki que le transmitía el doctor Hayashi. A lo largo del tratamiento, el tumor fue involucionando, hasta que desapareció de manera absoluta, sin dejar rastro alguno. Feliz por su curación y llena de agradecimiento, Hawayo se dejó introducir en los distintos grados de iniciación del Reiki, ayudó al doctor en su clínica, y se encargó de numerosas visitas domiciliarias para el tratamiento de otras personas. Antes de morir, Hayashi la nombra su sucesora.

Se sucede la Segunda Guerra Mundial, se produce la ocupación norteamericana, y el Reiki pasa a ser en esas épocas una suerte de actividad secreta y acaso clandestina, con lo cual muy poco se sabe de ella durante ese lapso.

Al cabo de la segunda contienda mundial, Hawayo Takata estableció en Hawai una clínica, donde practicó Reiki, comenzó la difusión de ese método curativo e inició en los primeros niveles, siguiendo las enseñanzas de su Maestro, el Dr. Chijiro Hayashi. Asimismo, dictó seminarios en Estados Unidos y Canadá. Vale destacar la actitud de Takata en los difíciles años de la posguerra, cuando existía un resquemor generalizado por todo lo que fuera o pudiera parecer japonés (Takata no lo era, pero su apellido sí) y con Estados Unidos sumergido en las persecuciones macartistas, cuando todas las ideas novedosas y poco convencionales eran reprimidas. Sin embargo, lejos de darse por vencida y en un clima no sólo tan poco propicio, sino decididamente hostil, estuvo muy lejos de darse por vencida, presentó batalla y apostó al futuro, difundiendo el Reiki, ya que conocía el enorme beneficio que esto implicaba para la humanidad toda.

Sólo en los últimos años de su vida, en la década de los 70, se decidió a iniciar a otros en la maestría.

Más allá de muchas discusiones teóricas, no pueden negarse los grandes cambios y contribuciones implementados por la señora Takata que son, básicamente, los siguientes:

— Sin su aporte, el Reiki hubiera permanecido como el método oculto de un Gakkai reservado sólo a japoneses. Así pues, todos los practicantes (especialmente los occidentales) deben estarle agradecidos por su contribución a la difusión mundial de la sanación Reiki, ya que fue gracias a ella que este método se divulgó en Occidente.

— El comienzo de una nueva era en la transmisión del Reiki a través también de las mujeres, que terminaron con la herencia patriarcal japonesa que indicaba que sólo los hombres podían ser maestros.

Cuando la vida de la Sra. Takata llegó a su fin, hacia finales de la década del 80, podríamos decir que su sueño ya se había realizado, ya que el Reiki se hallaba plenamente difundido y aceptado. Asimismo, se habían creado las primeras instituciones de esa disciplina con el objetivo de mantener la imprescindible vinculación entre los cada vez más numerosos maestros y discípulos. Entre estos últimos estaban Phyllis Lei Furumoto, nieta de la gran maestra hawaiana Takata, y la antropóloga Bárbara Ray.

Reiki Alliance

Es fundada en 1981 por Phyllis Lei Furumoto y, hasta aquel presente, se trata de la organización más extensa que existe. La orientación teórico-práctica abreva principalmente en las tradiciones orientales. Tanto maestros como discípulos entienden al Reiki no sólo como un método terapéutico, sino que asumen plenamente el *Reiki Do* (camino del Reiki) que excede plenamente a la imposición de manos como método curativo para convertirse en un verdadero sendero de consciencia y disciplina, tanto física, como espiritual y moral. Los maestros de esta institución fueron, además, responsables de la divulgación del Reiki en el continente Europeo.

A.I.R.A. / T.R.T.A.I.

Un año después de que Furumoto fundara la Reiki Alliance, la antropóloga Bárbara Ray fundó al AIRA (American International Reiki Association) que luego empezó a denominarse TRTAI (The Radiance Technique Association International), que tiene una fuerza considerable en el mundo entero pero, especialmente, en los Estados Unidos.

A diferencia de la Reiki Alliance, la T.R.T.A.I. tiene como objetivo fundacional y fundamental la investigación científica del Reiki. Otras diferencias al respecto son que (tal como el lector habrá podido apreciar en el cambio de denominación) ya no se habla de Reiki sino de "Radiance technique" y que ya no se enseñan los tres grados de las escuelas tradicionales, sino siete.

El Linaje Reiki

El término *Linaje Reiki* hace referencia a la cadena de iniciaciones que une al iniciado con el Dr. Usui a través del maestro correspondiente. El Linaje siempre comienza con Usui y, de maestro en maestro, llega hasta cada uno de los practicantes.

Un ejemplo de linaje sería el siguiente: Dr. Mikao Usui > Dr. Chijiro Hayashi > Hawayo Takata > Iris Ishkuro > Arthur Robertson > Rick & Emma Ferguson > Margarette L. Shelton > Kathleen Ann Milner > Marisa Sotelo > Gustavo Casalins > Pedro Saez Montero > Marcela Buonfiglio > Clara Casamunt.

Este linaje (meramente ejemplificador, ya que no se trata de uno verdadero) muestra cuál es el linaje de Clara Casamunt.

Existen, básicamente, dos cadenas de linajes: el Reiki Tradicional Japonés (*linaje Usui Sensei* a través del "Usui Reiki Ryoho Gakkai") y el Reiki Occidental (*linaje Usui-Hayashi-Takata* a través de Reiki Alliance, A.I.R.A. y los Maestros independientes). Ningún occidental puede estar iniciado de manera directa en el Reiki Tradicional Japonés, puesto que el Gakkai no acepta occidentales en su seno: sólo puede hacerlo a través del linaje Usui-Hayashi-Takata.

Otras instituciones de Reiki

Más allá de Reiki Alliance y de TRTAI, cuyas envergaduras son, verdaderamente, considerables, existen hoy en día en Occidente, por lo menos, seis organizaciones conocidas dedicadas al Reiki bastante conocidas, mientras que las escuelas asiáticas son más bien arcanas, ya que cultivan lo que podríamos llamar un bajo perfil.

Corrientes del Reiki

A medida que transcurre el tiempo y la técnica de Reiki se va divulgando cada vez más, comienzan a surgir diferentes escuelas o corrientes que completan o modifican en cierta medida, los preceptos del sistema tradicional Reiki Usui. Algunas de las más famosas y en boga en el presente momento son las siguientes:

- **Reiki Usui tibetano**

Se trata de una escuela procedente del linaje Usui y con un buen número de similitudes, pero con más técnicas y más símbolos.

- **Reiki Karuna**

Karuna es la palabra en sánscrito para denominar la acción compasiva. Se refiere a las acciones dirigidas a aliviar el sufrimiento de los demás. Se considera que el Reiki Karuna es sumamente espiritual y que busca la curación a través de sentimientos como el amor, la armonía, la paz y el perdón.

En los niveles de Karuna I y II se enseñan 14 símbolos. Quienes practican y divulgan este tipo de Reiki aseguran que se trata de signos extremadamente poderosos que producen curaciones emocionales y espirituales, además de físicas. Asimismo, declaran, aumentan la autoestima, restauran el equilibrio emocional, incrementan la consciencia y la pureza, y armonizan los chakras. Según los "partidarios" de esta corriente de Reiki, estos beneficios también se obtienen con los símbolos del sistema Usui, pero en menor medida, ya que los símbolos de Karuna funcionan específicamente en estos aspectos. Los niveles de Karuna I y II se obtienen en un mismo curso, mientras que la maestría se obtiene en unas 15 horas de curso, que generalmente se toman en 5 sesiones de 3 horas cada una

- **Reiki Tera Mai**

La responsable del desarrollo de esta actualización del Reiki tradicional es la estadounidense Kathleen Milner, nacida en Arizona, Estados Unidos, quien se formó en un principio como Maestra en el Sistema Usui a través del cual ha ido generando todo un proceso de transformación hasta llegar (hacia principios de los años 90) a desarrollar su propio sistema que incluye nuevos símbolos y técnicas iniciáticas particulares.

El Reiki Tera Mai se presenta como la suma y la síntesis de los nuevos adelantos y descubrimientos realizados en este siglo, tanto en Oriente como en Occidente; esta síntesis abarca e incluye actualizaciones como la de Karuna Reiki y otras similares.

Esta corriente se basa, en principio, en el sistema tradicional, permitiendo acceder al aprendizaje y activación de nuevos símbolos cuyo total son 21: 12 en el 2° Nivel, 13 en la Maestría Práctica y 21 en la Maestría Docente. Incluye nuevas técnicas de tratamiento y de meditación, estas últimas, con el objetivo de ayudar a trabajar al iniciado para poder sintonizarse cada vez con mayor excelencia.

Las propiedades y resultados del Reiki Tera Mai residen en un incremento de la energía canalizada debido a la optimización de las iniciaciones, que refuerzan notablemente el canal, posibilitando de esa manera realizar tratamientos más específicos. Vale destacar que los practicantes de cada nivel en el sistema tradicional Usui pueden acceder a las actualizaciones previstas para cada grado en Reiki Tera Mai, como también los que no tengan ningún grado de Reiki pueden formarse directamente en el nuevo sistema.

- **Magnified Healing**

El método de sanación magnificada permite canalizar la Energía Vital Universal, pero magnificada (es decir, purificada y elevada desde el punto de vista vibracional). Su aplicación busca restaurar la conexión del individuo con el Universo y, al mismo tiempo, comenzar a sanar a todos los niveles. Se supone que afecta a los distintos planos de la persona e incluso a los factores kármicos. Se trata, en definitiva, de una técnica de sanación, perfeccionamiento y elevación espiritual. Las creadoras de este método fueron las Reiki master Giselle King y Katheryn Anderson y, según distintas fuentes, impartieron su primera clase de Magnified Healing, el 19 de septiembre de 1992.

- **Seichim Seikhem (Cura egipcia)**

Se trata de una suerte de versión egipcia del Reiki. Seichim Seikhem unifica y potencia las energías del Reiki Usui tradicional y la geometría sagrada de origen platónico (espiral, círculo, rectángulo, formas sólidas, sólidos platónicos) con geometrías sagradas egipcias.

Es un método redescubierto y canalizado por el Master Patrick Zeigler, quien, viajando a las pirámides, recibió la orientación de permanecer una noche en la cámara del faraón de la Gran Pirámide. Cuando así lo hizo, pudo sentir en un determinado momento energías provenientes de otras cámaras, que abrían su chakra cardíaco y le producían una iluminación, en cierta medida similar a la que experimentó el maestro Usui en su última noche de ayuno. Luego, Zeigler viajó a Estados Unidos y se inició en Reiki Usui. De esa manera, comprende que lo que sucedió en la Gran Pirámide había tenido relación directa con lo que le estaba sucediendo al tomar Reiki Usui. Tiempo después, recibe una canalización de Christine Gerber, en la cual se le revela que lo que él hacía luego de su experiencia en la Gran Pirámide no era Reiki sino Seichim (cura egipcia). Este sistema trabaja con símbolos y cristales, a fin de abrir en canal de luz en la columna vertebral, de manera tal de conectar cielo y tierra y de vincular al individuo con otros niveles dimensionales y realidades superiores.

¿Cuál es el mejor Reiki?

Tal como acabamos de ver, existen en la actualidad muchos y variados tipos de Reiki, pero... ¿cómo saber cuál es el mejor? La respuesta es: el Reiki. El Reiki es único, más allá de las distintas corrientes, variedades y estilos. El Reiki es uno solo, pues el Karuna, el Tera Mai y cualquier otro del que se pueda tener noticia son creados después de la aparición del Reiki Tradicional, o sea, el redescubierto por Mikao Usui. Son válidos todos, si al momento de aplicarlos se lo hace con el mismo amor, comprensión y responsabilidad que el tradicional Reiki. No son ni mejores ni peores, ni más ni menos: sólo son agregados del mismo, como algunos maestros dicen, actualizaciones o modernizaciones del sistema heredado del maestro Mikao Usui.

CAPÍTULO 3

Los principios del Reiki

Mikao Usui enunció los denominados *principios* del Reiki que, a decir verdad, exceden el ámbito del reikista para ser, en realidad, pautas, normas, reglas de comportamiento universales y generalizadas que nos ayudan en nuestro tránsito por la vida, orientándonos y acercándonos a la evolución de nuestra vida espiritual. Ellas nos permiten ser mejores seres humanos día a día y, por lo tanto, también mejores reikistas, ya que la única manera de ser un buen practicante de Reiki es ser un buen ser humano.

Todos los reikistas del mundo conocen estos principios y los siguen como una suerte de guía moral, ética y espiritual, de modo tal de permanecer unidos en un solo pensamiento y acto de Amor, el cual es el Reiki.

Por esa razón, cualquier practicante de Reiki debe repetirlos mentalmente (a modo de mantra, podríamos decir) y aprenderlos hasta conseguir retenerlos de forma permanente, a nivel inconsciente: de esa manera se pasará de haberlos "aprendido" a haberlos "aprehendido".

Una vez que estén incorporados, podrán operar a modo de guía y referencia, y también podrán ser transmitidos a los pacientes, de modo tal que éstos continúen su evolución espiritual, más allá del momento específico de la sesión de Reiki.

Una manera de conseguir integrarlos como valores rectores de los esquemas mentales es meditar acerca de ellos durante las sesiones de autotratamiento.

Se trata de una serie de reglas, en apariencia de una sencillez verdaderamente apabullante, pero difíciles de seguir para el ser humano occidental que vive acuciado por preocupaciones, hostigado por las culpas del pasado y dejando de lado aquello que es verdaderamente esencial.

Los cinco principios del Reiki son los siguientes:

"Sólo por hoy, no te preocupes"

El maestro Usui antepone a cada principio una expresión conformada por tres palabras: "sólo por hoy". Y no se trata de una casualidad o de una arbitrariedad. El "sólo por hoy" es una verdadera idea-fuerza que connota la importancia del aquí y ahora. ¿Qué implica esto?

En esta primera máxima que nos ocupa, el "sólo por hoy" significa, en principio, que no debemos tener remordimientos o sentir culpa por el pasado. Concretamente: que la energía debe fluir desde y al servicio del presente. Si alguna acción nuestra pasada nos produce sensaciones de inquietud o sentimientos de culpabilidad, no debemos castigarnos ni flagelarnos por ello. Lo que debemos hacer, en cambio, es comprender que en aquel momento concreto actuamos según nuestro condicionamiento de entonces y que lo hicimos de la mejor manera posible. ¿Hemos tratado mal a alguien muy querido, desaprovechamos una oportunidad laboral por demás valiosa, obramos de manera incorrecta? Aquello fue el resultado de nuestro grado de evolución anterior, más bajo que el que poseemos hoy en día, y lo que debemos hacer es agradecer la lección que aprendimos, la cual nos permite que esa acción no se repita en nuestra vida actual.

Una segunda implicancia del "sólo por hoy" es que tampoco debemos preocuparnos por el futuro. Somos nosotros mismos –y nadie ni nada más– quienes creamos nuestro propio futuro, y las situaciones que pasamos son exactamente las que necesitamos en cada momento y no otras. Cada coyuntura, por desagradable o injusta que nos pueda parecer en su momento, encierra una lección que debemos aprender para continuar con nuestro proceso de evolución. Por eso debemos agradecer cada situación y proseguir nuestro camino con aceptación, paz y amor.

¿Eso significa que no debemos luchar por eliminar el miedo o la sensación de inseguridad que a veces nos aqueja? De ninguna manera. Debemos asumir la idea de que el temor es una sensación que estará siempre con nosotros en algunos momentos de nuestro camino de crecimiento y evolución. Para avanzar debemos correr riesgos, y el miedo puede ser considerado un amigo si lo afrontamos desde una actitud de poder que se logra con un trabajo interno de autoestima, de amor y de confianza en nosotros mismos, en los demás y en el Universo.

¿Y si no puedes evitar estar preocupado en un determinado momento? Entonces, cuando te sientas de esa manera, trata de no "ahogarte" en la preocupación y analiza la razón de ella, observándola desde una perspectiva distante; tal vez te des cuenta de que le estás dando demasiado importancia a esa situación que te preocupa y que, a cambio, la vida te está ofreciendo oportunidades constantes de manifestar tu alegría y tu amor.

¿Y si aun de esa manera no logras dejar de estar preocupado? Si es verdaderamente así, manifiesta exteriormente tu preocupación para desbloquear al máximo la energía negativa y después realiza alguna actividad que te conecte con la belleza de la existencia (escuchar tu música preferida, jugar con tus hijos, pintar) de modo tal que puedas percibir que la vida discurre y fluye y que tú formas parte de ella, más allá de ese hecho puntual que te preocupa. Eso te ayudará a ser consciente de tu realidad: tú eres un ser espiritual con esencia divina capaz de superar por ti mismo cualquier obstáculo y afrontar cualquier situación.

Y esta última idea que acabo expresar (la de que eres capaz de superar por ti mismo cualquier escollo y afrontar cualquier situación) nos lleva a la tercera implicancia del "sólo por hoy no te preocupes". Vive tu vida, sin preocuparte, pero sí ocupándote. No pongas preocupación en tu existencia: sólo ocúpate de ella y pon en tu vida la energía y el pensamiento en la medida justa y necesaria para lograr tus objetivos. Recuerda que donde está tu pensamiento está tu energía, y donde está tu energía, está tu vida; si logras comprender que es mucho mejor ocuparse de las cosas reales de tu vida, que preocuparse de cosas que no sabes si pasarán o que ya han pasado, podrás concentrar tu esfuerzo en tomar conciencia de la realidad que transitas y eso te permitirá modificarla, si es que así lo deseas.

"Sólo por hoy, no te enojes"

El enojo es un estado de desarmonía que puede tener su origen en causas diversas: has desaprobado un examen en el cual creíste que obtendrías una buena nota, tu computadora se ha descompuesto o has descubierto que tu pareja te es infiel. Si bien las tres situaciones que acabo de mencionar son distintas, tienen un denominador común y es allí donde se encuentra el verdadero origen de la cólera: el deseo de controlar y dominar todas las situaciones en las que sucesivamente te ves inmerso. Siguiendo con el ejemplo, quizá tú habías creído que ya tenías el examen "bajo control" y lo habías aprobado; o dabas por sentado que tu computadora funcionaría siempre bien o confiabas en que tu pareja ya estaba encaminada y no había lugar para la infidelidad. Todo te parecía controlado, dominado, en orden... pero un hecho en particular te hace dar cuenta de que no es así y, entonces, surge el enojo. Todos experimentamos ira cuando se nos escapa la dirección de los acontecimientos. ¿Qué hacer frente a esto? Tener siempre presente que cada situación de tu vida es originada por una causa que provoca un determinado efecto que es necesario para tu evolución. Por eso, no tiene sentido que gastes energía en enojarte ni en culpar a los demás ni en buscar los motivos de tu ira en causas externas a ti. Sólo acepta lo que ha pasado y trabaja para concientizarte de que las causas de la irritación están dentro de ti y que solo tú y tu trabajo interior pueden superarlas.

Nuestras reacciones coléricas hacia los demás o hacia el mundo exterior nos deben servir para descubrir los puntos débiles de nuestra personalidad y, una vez identificados, estaremos en condiciones de asimilar las enseñanzas que encierran, para seguir avanzando en nuestro proceso evolutivo.

"Sólo por hoy, honra a tus padres, maestros y personas mayores"

En la tradición japonesa, es costumbre honrar a los maestros, a los padres y a los antepasados. En general, resulta algo sumamente dificultoso de entender para la mentalidad occidental, que venera la novedad por la novedad misma y desprecia lo antiguo (por más valioso que esto sea) so pretexto de que "es viejo". Sin embargo, muchos pueblos orientales se caracterizaron por lo contrario: honrar y considerar en grado sumo la opinión de las personas mayores.

Por esa razón es que, muy a menudo, los facilitadores de Reiki colocan en su lugar de trabajo las fotos de los Maestros de Reiki como recordatorio de su guía moral y ética.

Pero, la frase que nos ocupa tiene, en realidad, implicaciones menos obvias que van más allá de las que acabamos de explicar. Llevado a lo cotidiano, debemos aprender a respetar a todos en nuestra vida, pues cada persona, de alguna manera, es un maestro, en tanto el contacto con ella nos enseña algo, nos deja un aprendizaje. Seguramente tú puedes hacer una lista de las cosas que has aprendido de tus amigos y amigas, de alguno de tus compañeros de trabajo, de algún comerciante a cuyo negocio concurres habitualmente a comprar, etc. Si lo miras desde la óptica de la necesidad constante de aprendizaje, prácticamente toda persona con la que te topes a lo largo del camino de tu vida podrá dejarte una enseñanza, esto es, será un maestro.

"Sólo por hoy, realiza tu trabajo honradamente"

El trabajo que realizas, cualquiera sea éste (intelectual o físico, en relación de dependencia o por cuenta propia) es parte de ti mismo, de la energía que cedes al mundo y a la comunidad en la que vives. Y no es una parte menor. En promedio, una persona pasa más de una tercera parte de su existencia en alguna actividad vinculada al trabajo: haciéndolo o viajando hacia él. Hasta los desocupados dedican energía y tiempo al trabajo, al invertir buena parte de sus fuerzas en buscarlo.

Algunas consideraciones que el Reiki tiene para hacerte acerca del título de este tópico y del trabajo en general, son las siguientes:

- Primero, debes amar lo que haces. Si no te gusta tu trabajo, debes cambiar de actividad, y si no puedes cambiar de actividad deberás modificar tu actitud respecto a lo que haces, de forma que tu labor se convierta en una tarea digna de tu aprecio y amor. Si no comienzas tú por hacer eso, entonces, nadie podrá verdaderamente respetar tu trabajo y, por ende, te perderán el respeto a ti.

- Debes entender que no hay tareas sustancialmente mejores que otras: lo único que objetivamente existen son las actividades, tareas o trabajos en sí mismos, y lo que les da más o menos valor para ti es lo que tú piensas de ellas. ¿Quién puede decir que un electricista es más valioso que un escritor? Seguramente, nadie que esté muy deseoso de leer un libro. ¿Quién puede decir que un escritor es más valioso que un electricista? Seguramente, nadie que se encuentre sin suministro eléctrico. Todos los trabajos, todas las tareas son necesarias para que la sociedad se desenvuelva día a día y evolucione a través del tiempo. El plomero, la analista de sistemas, el escultor, la ingeniera química, el comerciante, la cocinera, el profesor: todos ellos forman parte del entramado vital y social. Y, por eso, todos son necesarios y ninguno mejor que otro.

- Una de las consecuencias de amar el trabajo que se posee es el realizarlo honradamente, ya que no se puede ser deshonesto con aquello que se ama.

"Sólo por hoy, sé agradecido con la vida"

La gratitud es un don que todos tenemos en potencia, pero pocos desarrollan debido a múltiples factores: avaricia, arrogancia, ego, miedo, etc. Sin embargo, un mundo donde todos comprendiésemos que el ser agradecidos nos allana el camino para estar mejor cada día sería maravilloso. Por eso: sé agradecido. Y lo importante es que entiendas y comprendas que puedes sentir agradecimiento prácticamente hacia todo. Por supuesto, existen circunstancias que invitan de manera más "evidente" a ser agradecido: un trabajo agradable, una relación de pareja satisfactoria y plena, un buen pasar económico.

Sin embargo, este último principio te invita a valorar y agradecer aquello que, al menos en su forma más superficial y evidente, no resulta bueno: un pérdida que te enseña qué es lo verdaderamente importante, una enfermedad que te muestra el camino, un error que te permite aprender, etc. Esas circunstancias, dolorosas, te impelen a crecer, a proseguir tu camino de evolución. Y, por lo tanto, debes ser agradecido con ellas.

Las afirmaciones (las que acabamos de exponer, así como cualquier otra) son frases con las que se puede reprogramar el inconsciente. Medita acerca de los principios del Reiki, repítelos, formúlalos mentalmente antes de dormirte, "trabaja" con ellos. ¡Y te sorprenderás de los resultados!

CAPÍTULO 4

Conexiones energéticas: auras y chakras

A fin de poder hacer comprensible el verdadero y profundo significado del Reiki y sus múltiples y poderosos efectos en todos los aspectos y niveles de nuestra vida, se hace necesario, imprescindible, exponer una visión de las denominadas *conexiones energéticas vitales*. Si se entienden estas conexiones, se podrá comprender mejor el método y el contenido de la enseñanza del Reiki y se estará más cerca de captar su esencia.

Partamos de una base, que luego explicaremos, y es la siguiente: en el Universo, todo se conecta y se relaciona entre sí. **Reiki es la fuerza que lo vincula. Y esa Energía Vital Universal llega a nosotros y mora en el aura y en los chakras.**

La visión total del mundo

El Universo, el Cosmos, es un organismo vivo donde todo se conecta con todo y se relaciona y modifica mutuamente. Cada una de sus partes tiene un efecto mutante sobre las demás, se mueve y se transforma de manera constante y permanente, y su esencia última es de índole inequívocamente espiritual. Todo lo vivo es, en sí mismo, un todo completo e interdependiente que es más que la suma de sus partes y que refleja de manera cambiante pero perpetua la regularidad del Universo. Piensa en esa vinculación de cada parte del Universo: llueve, cae el agua sobre la tierra, eso hace crecer los vegetales, éstos son ingeridos por algunos animales que luego sirven de sustento a los animales carnívoros... etc., y así en una cadena perfecta que en Occidente se conoce con el nombre de *equilibrio ecológico*. Pero ese entramado, en el que todo se conecta con todo, va mucho más allá de eso tan evidente que acabamos de exponer, y se manifiesta a un nivel más abstracto y difícil (y, a veces, sencillamente imposible) de captar. Como aquel bello cuento oriental donde se cuenta que un hombre pudo viajar al pasado advertido por quien le permitía el periplo de que no debía hacer absolutamente ninguna modificación en el mundo pretérito al que podía acceder, ya que eso alteraría el presente. Bien: el viajero fue sumamente cuidadoso en su viaje al pasado pero... al volver al presente el mundo era completamente otro. ¿Qué había sucedido? Pues que el viajero en cuestión, sin darse cuenta, había pisado una mariposa, y eso fue disparador de una cadena de modificaciones (recuerda, todo se conecta con todo) que terminó, en definitiva, cambiándole el rostro al mundo.

El ser humano es un microcosmos dentro de ese macrocosmos donde todo se relaciona y se vincula entre sí de manera interdependiente. Eso significa, entre otras cosas, que en cada célula del organismo se encuentra, de alguna manera, la historia de la evolución del mundo y que, al ser parte de ese todo que nos contiene y nos excede, conoce su sentido y su finalidad en ese contexto cósmico que todo lo abarca.

¿Qué es lo que vincula el todo con el todo, qué es lo que relaciona un fruto con la lluvia, la lluvia con el mar, el mar con las gaviotas, las gaviotas con la playa, la playa con el placer de estar en ella, etc.? La respuesta es: Reiki. Lo que nos conecta a unos con otros y por lo cual llevamos impreso en nosotros ese conocimiento, independientemente de ser conscientes de ello o no, es la fuerza universal absoluta: Reiki. Reiki es la energía ilimitada del cosmos, del espíritu creador, que emerge del tiempo y del espacio, que conecta todo lo presente, que mueve y transforma de manera constante al entorno y a nosotros mismos.

La conexión personal con Reiki

Cuanto más intensa resulta la vibración energética de una persona en particular, más sensible será ésta a la percepción de esa inmensa, infinita red de interconexiones; más cerca estará de tener consciencia de la fuente y la razón última de ser y del ser. Cuanto más fuerte fluya en alguien la fuerza del Reiki, más cerca estará de la paz, la armonía y la verdad.

De esa manera, el Reiki nos ayuda, nos posibilita conectarnos con el verdadero núcleo de nuestro ser y, por ende, nos permite accionar sobre el mundo que nos rodea de manera auténtica y verdadera, en total correspondencia con nuestra esencia.

El Reiki nos acompaña, por decirlo de una manera metafórica, en un viaje hacia atrás, hacia el origen: hacia la fuente de la confianza, la abundancia y el amor incondicional. Cuando de verdad se experimenta el hecho de ser parte de una totalidad cósmica interconectada, cesa la sensación de aislamiento, dejamos de contemplar desde afuera y nos sentimos integrados y pertenecientes a esas maravillas que son el Universo y la vida en él. De esa manera, desarrollamos respeto por todo lo vivo y lo apreciamos como algo valioso, como un regalo puesto ante nosotros para ser amado y cuidado, nunca maltratado o dañado.

Nuestro sistema energético

El grado de intensidad con que esa Energía Vital Universal y cósmica conecta e impacta en nuestra fuerza personal; qué parte de ella nos va a afectar y en qué plano o nivel nos va a influir y modificar (corporal, anímica, mental, espiritualmente) depende de nuestra receptividad en particular, y de nuestra disposición a estar abiertos y conectar con esa Energía Vital Universal. El Ki universal y cósmico es "almacenado" en nuestro cuerpo, tal como lo decíamos más arriba, en el aura y los chakras. Por eso, las iniciaciones de Reiki y los tratamientos armonizan nuestro sistema de energía y desarrollan la relación entre el aura, los chakras y el cuerpo físico. En el aura y en los chakras se encuentra la carga, la reserva energética de cada ser humano. ¿Cuál es la relación entre estas dos instancias? A decir verdad, se trata de un complejo entramado de vinculaciones. Por un lado, gran parte del color y de la energía del campo áurico es suministrado por los chakras que operan a modo de reservorio y "planta de transformación" que procesa la energía para, luego, enviarla hacia el contorno del cuerpo físico con el objetivo de constituir el aura. Por otro lado, la Energía Vital Universal fluye por el cosmos y, a través del aura, ingresa a los chakras. El regreso de la energía hacia el cosmos comienza en los chakras y continúa en el aura. Debido a estas vinculaciones, es que toda acción equilibradora y armonizadora sobre el aura repercutirá en los chakras y viceversa, además de hacerlo, por supuesto, en la integridad del ser humano.

El aura o sistema áurico

Se conoce con el nombre de *aura* o *sistema* o *cuerpo áurico* a la radiación energética que se encuentra alrededor de todo ser humano. Se compone de cuatro campos de fuerza distintos: el etéreo, el emocional (o astral), el mental y el espiritual. Cada uno de ellos tiene una misión diferente y se distinguen, asimismo, en la frecuencia de sus vibraciones, en su forma y en su organización estructural. La conexión entre los diversos cuerpos áuricos y entre ellos y el cuerpo físico se produce mediante la Energía Vital Universal para constituir, de esa manera, el aura particular de cada individuo. Vayamos a caracterizar brevemente cada uno de estos campos:

- *El cuerpo etéreo*: también se la denomina *aura de la salud*, porque su aspecto varía de acuerdo al estado del organismo, ya que refleja todo hecho y sensación corporal. Tiene aproximadamente la misma forma y tamaño que nuestro cuerpo físico.
- *El cuerpo emocional* es, asimismo, tanto en su forma como en sus irradiaciones, similar al cuerpo físico. En él aparecen reflejados nuestros sentimientos, emociones, miedos y deseos, así como las características de la personalidad.
- *El cuerpo mental* vibra a nivel intelectual y racional. Es el portador y depositario de nuestras ideas y pensamientos. Posee una frecuencia más elevada que los dos cuerpos anteriormente mencionados y su irradiación, de forma oval, alcanza aproximadamente un metro.

- *El cuerpo espiritual* es el que presenta la frecuencia más alta y su alcance es similar al del cuerpo mental.

Los chakras

¿Qué son los chakras? Son siete centros energéticos ubicados en el cuerpo; cada uno de ellos se vincula a diferentes aspectos de nuestra vida y maneja una energía particular que transmite al resto del cuerpo físico, mental y espiritual. Tienen la misión de controlar el flujo energético corporal, desde aquél que se relaciona con lo más básico, primitivo y material (primer chakra) hasta la energía más alta y trascendente (séptimo chakra). Cada uno de ellos funciona como una suerte de válvula interconectada que se abre por sí sola y permite captar, canalizar y almacenar de manera adecuada la Energía Vital Universal. Al tratarse de un sistema armónico, al producirse una disfunción, desarmonización o bloqueo en una parte del él (esto es, un chakra) esto genera necesaria e inevitablemente un impacto en el resto.

El grado de desarrollo de cada chakra en particular es la suma de varios factores, los dos principales:

- *La constitución corporal*: algunas personas al tener, por ejemplo, cajas torácicas más grandes poseen naturalmente un chakra corazón más desarrollado, por una simple cuestión de que éste tiene más espacio para asentarse. De manera similar, quienes tienen un cuello fuerte tendrán más posibilidades físicas de desarrollar un chakra garganta; que no lo hagan por motivos de falta de interés en su evolución espiritual, constituye otro problema.
- *El estado de salud*, tanto física como mental: cualquier desarmonía, tanto del orden de lo somático como de lo psíquico se revela en los chakras. ¿De qué manera? Básicamente, cuando la zona de irradiación corporal de un centro energético funciona a pleno y, por lo tanto, no existen bloqueos, el chakra correspondiente está abierto y pletórico de potencia. Contrariamente, cuando algunos de los órganos o funciones a los que el chakra correspondiente envía energía sufre de alguna dolencia, molestia, enfermedad, etc., el vórtice energético en cuestión comienza a cerrarse y a perder potencia.

7mo chakra

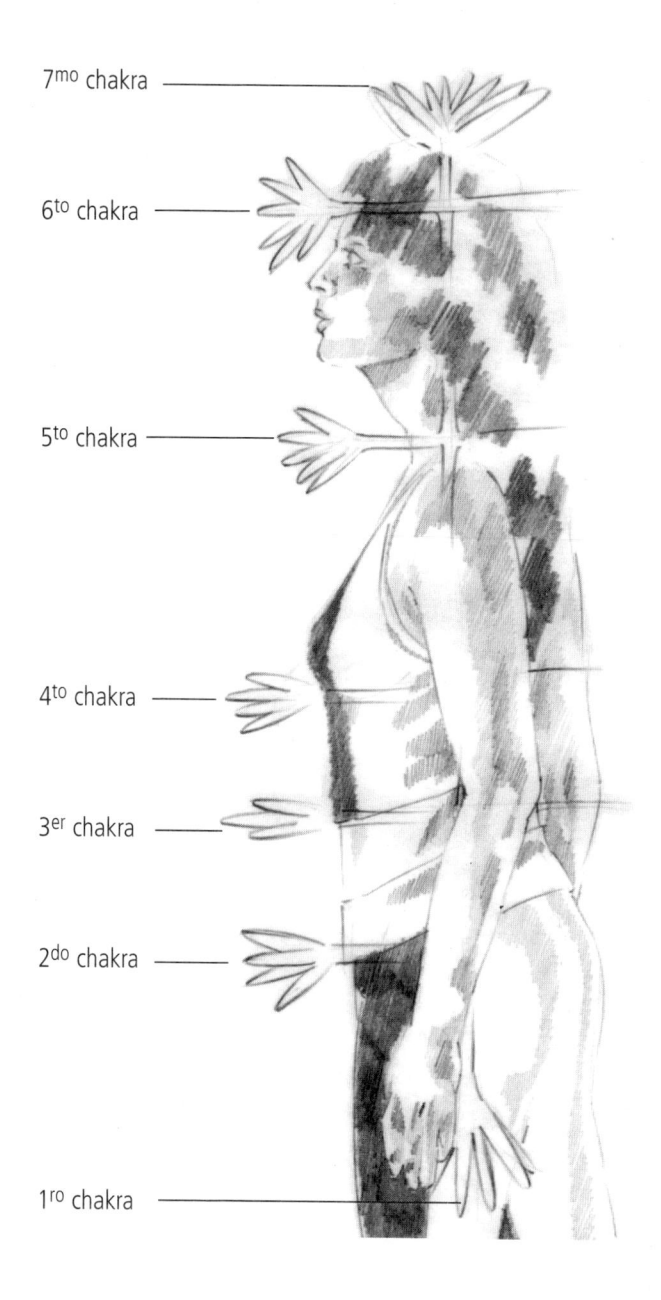

6to chakra

5to chakra

4to chakra

3er chakra

2do chakra

1ro chakra

Todo ello hace que, en muchas personas, uno o varios chakras estén en un determinado momento más desarrollados que los demás. Ese chakra posee, entonces, una vibración propia más elevada y, como consecuencia de ello, puede absorber más energía que los otros.

En definitiva: los chakras, en su conjunto, no se encuentran en estado armónico. Por ello, es que muchas personas se enferman y padecen de los síntomas más diversos. El Reiki es una manera de equilibrar los chakras, de hacer que todos funcionen en armonía y con la misma potencia energética, con lo cual se recupera el buen estado de salud. Desde la perspectiva del Reiki, los síntomas más diversos y las dolencias más dispares, tanto físicas como psicológicas, se pueden entender y resolver en profundidad a partir y dentro de ese sistema energético de múltiples planos que son los chakras. De manera similar a cómo lo hace la medicina tradicional china, el Reiki entiende que la enfermedad (cualquiera sea ésta) es consecuencia de una perturbación del flujo energético y que es allí donde se originan los síntomas. El Reiki también considera que las enfermedades son siempre y sin excepción, fruto de procesos globales por lo que, a largo plazo, sólo se pueden suavizar, revertir o curar cuando el ser humano aprende a entenderse globalmente y a indagar y a modificar las razones físicas-anímicas-espirituales-energéticas de su enfermedad. Por ejemplo: desde la perspectiva que podríamos denominar, de manera general y sin excesivo rigor, "occidental", es común que frente a un dolor de cabeza o una jaqueca la respuesta sea tomar una aspirina. Mirado desde el Reiki, no se trata de no tomar la aspirina. Se trata de ingerirla, si el individuo efectivamente quiere hacer tal cosa, pero lo primordial será indagar qué es aquello vinculado al chakra frontal o tercer ojo que no se encuentra tan bien como debiera y que, por ello, se expresa a través de un síntoma tal como es el dolor de cabeza.

En síntesis: **el Reiki, como método terapéutico, fomenta el desarrollo y el equilibrio energético de los chakras e influye en todo nuestro organismo, armonizándolo, sanándolo y consiguiendo efectos específicos en todos los planos.**

Los chakras y el conducto central

Los siete chakras se encuentran alineados a lo largo del canal central.

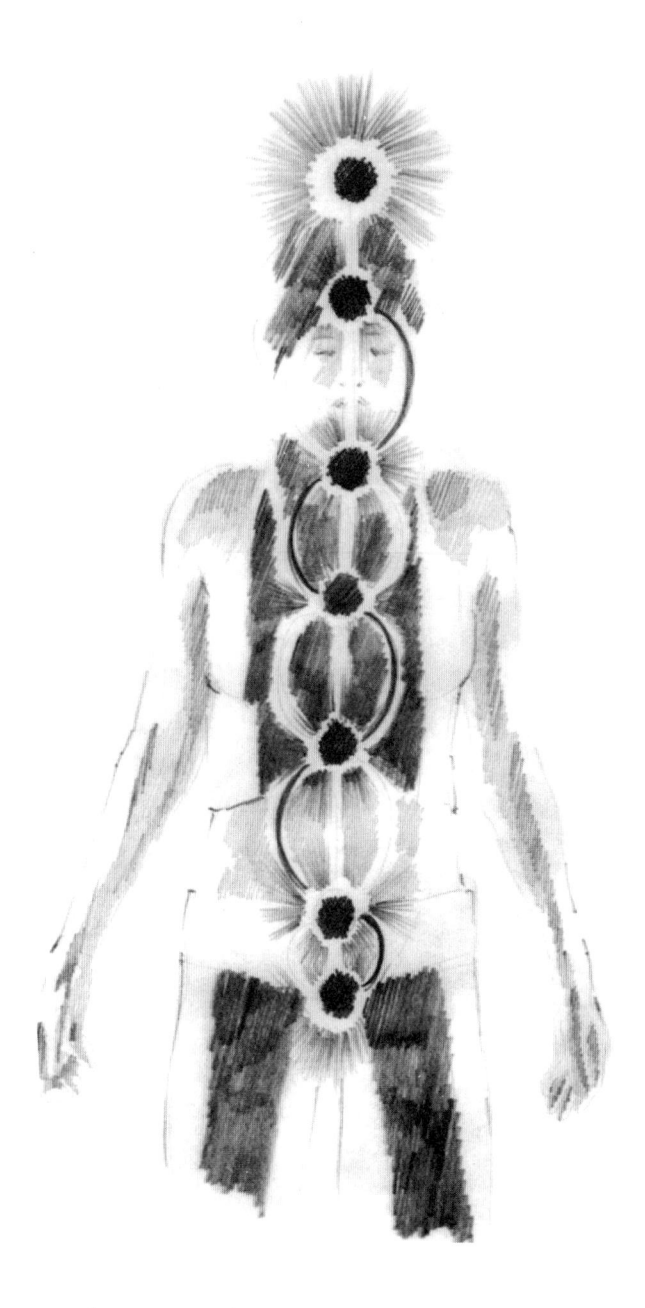

Los canales son conductos delgados por donde la energía circula alimentando y vivificando el cuerpo físico. Son lo que en la medicina tradicional china denomina meridianos y su número se calcula en 72.000, pero en relación a los chakras y al Reiki, tres son los fundamentales:

- *Canal izquierdo:* está conectado al hemisferio derecho del cerebro, sede de lo emocional. Por ello, está íntimamente relacionado con las emociones y con el pasado y fluye hacia abajo hasta la base de la columna vertebral. Si la energía circula principalmente por este canal, el resultado será que la persona estará muy consciente de su cuerpo físico y sus reacciones estarán, básicamente, guiadas por los sentimientos. Los aspectos negativos que se relacionan con este canal son las adicciones, la depresión y los miedos.
- *Canal derecho:* está conectado con el hemisferio izquierdo del cerebro, sede de la intelectualidad y la racionalidad. Se encuentra vinculado con el ego y con todo aquello que se relacione con potencialidades, acciones y pensamientos acerca del futuro. Fluye hacia abajo hasta la base de la columna vertebral y, cuando la energía circula de manera predominante por esta vía, nuestros pensamientos y acciones se encuentran orientados hacia aspectos racionales. Los costados negativos de la energía que circula por este canal lo constituyen la agresividad, la rigidez tanto moral como intelectual, la tendencia a identificarse con modelos establecidos y la ausencia de empatía con los demás.
- *Canal central:* está conectado a la columna vertebral y al sistema nervioso central. Se sitúa en el cuerpo físico en el eje cerebroespinal desde su base hasta llegar cerca de la coronilla. Tal como lo adelantamos, es a lo largo de él que se alinean los siete chakras.

Primer chakra: básico, raíz o fundamental

Se encuentra ubicado en la base de la columna, en el perineo, o sea, entre los genitales externos y el ano y se corresponde con el plexo sacrocoxígeo, también situado en la base de la columna vertebral. El área de irradiación o influencia de este núcleo energético es la zona del perineo, la base de la columna vertebral, el intestino, las piernas, las rodillas, y los talones.

Se corresponde con el elemento *tierra* (ya que, por su ubicación, es el más cercano a la energía telúrica y por eso es el encargado de captarla y procesarla) y, en base a esa correspondencia, nos conecta con nuestro cuerpo, nos proporciona confianza, sentimientos de seguridad y fortaleza física.

Un primer chakra armonizado se evidencia, se muestra, ante todo, en un individuo en quien las energías vitales se encuentran balanceadas. Se trata de personas con un importante nivel de autoestima, con plena confianza en sí mismas y en la vida y que son capaces de dominar los deseos, sin dejar que éstos los dominen a ellas. Son excelentes para luchar y, valga la metáfora, se trata de seres que tienen "los pies bien puestos sobre la tierra". Un chakra raíz libre de bloqueos también se hace evidente en un buen ritmo intestinal, unas piernas fuertes, una vida sexual satisfactoria y en la ausencia de problemas en la columna vertebral.

Algunos de los síntomas que avisan que algo no anda del todo bien en este primer vórtice energético son los siguientes: dolor en la parte baja de la espalda, constipación, diarrea, hemorroides, várices, sensación de cansancio y molestias en las piernas, talones doloridos, problemas de rótula. En el ámbito psicológico, su disfunción puede manifestarse a través de potentes sentimientos de inseguridad, autoestima baja o prácticamente inexistente y, eventualmente, comportamiento violento y agresivo.

Segundo chakra: del bazo, sacro u ombligo

Se encuentra ubicado en el coxis y corresponde al plexo pélvico.

Su correlato elemental es el *agua*, lo que hace que este centro energético influya sobre el placer, las emociones, las sensaciones, y el erotismo.

Como consecuencia de su ubicación, el área de irradiación o influencia del segundo chakra la constituye el hueso púbico, las caderas, los ovarios, los testículos, la próstata, los riñones y el aparato urinario.

Tal como lo señalamos, se vincula a la emocionalidad, la sensualidad, el erotismo y el placer; pero también al dolor y a la capacidad de dar y recibir.

Si el chakra anterior era el arraigo en la materialidad y el despertar de la consciencia, el chakra sacro es el primer paso en el camino que lleva al individuo más allá de los valores y apetencias meramente materiales. Cuando se encuentra libre de bloqueos, la persona se siente integrada con otros seres humanos y se caracteriza por su creatividad, su posibilidad de disfrutar y su autoestima alta. Desde lo físico, un segundo chakra funcionando a pleno y de manera óptima se evidencia en buena capacidad de respuesta sexual, fertilidad y, en el caso de específico de las mujeres, menopausia a edad muy avanzada.

Cuando este centro energético corporal sufre algún tipo de desarmonía o bloqueo aparece la ciática, los dolores en la pelvis, los problemas del tracto urinario (micción dolorosa, cistitis) las dolencias del útero y de la próstata y la impotencia sexual y la anorgasmia, entre otros problemas. En el aspecto psicológico, un segundo chakra desarmonizado se hace patente, principalmente, a través de temores vinculados a la sexualidad: sentimientos de culpa, marcadas inhibiciones.

Tercer chakra: solar

Se encuentra ubicado a mitad de camino entre el ombligo y la boca del estómago y se corresponde con el plexo solar: de ahí deriva su denominación.

Así como en el primer chakra rige el elemento tierra y en el segundo hace otro tanto el agua, en el tercero, el fuego es el elemento rector: es en este núcleo energético donde el organismo, además de procesar y guardar Energía Vital Universal, almacena también las energías del Sol. Este chakra, simbólicamente, alude al fuego que transforma y purifica la energía de todo el organismo y, por ello, es el centro luminoso por antonomasia.

El tercer chakra es la rueda energética del sol, de la luz y de la abundancia y es el vórtice de carga energética existencial más importante del cuerpo humano. Asimismo, el chakra solar es el foco de nuestras emociones que son procesadas a través de él, donde la energía del fuego las consume, y es la sede de la voluntad, del poder y de las emociones.

Por ese motivo, cuando este vórtice energético se encuentra abierto, libre de bloqueos y armonizado, esto es, funcionando en plenitud, el individuo puede expresar sus dones y talentos sin esfuerzo, de manera natural y espontánea, se encuentra sereno y tiene la capacidad de entablar relaciones con los demás sin intentar que éstas sean de dominio. De manera contraria, la desarmonía se evidencia, a nivel psicológico, en inseguridad, falta de confianza en sí mismo y en los otros y, como lógica consecuencia de ello, tendencia a dominar a los demás o, al menos, a intentar hacerlo.

Su área de irradiación o zona de influencia es el aparato digestivo y las glándulas suprarrenales. De allí que los signos más evidentes y frecuentes de su desequilibrio suelen ser: gastritis, problemas digestivos diversos (digestión lenta, regurgitación, etc.) pancreatitis, úlceras estomacales, hepatitis, cálculos biliares, y problemas hepáticos. Su relación con las glándulas suprarrenales –productoras de adrenalina– hace que tenga una intervención importante en estados de cólera, miedo y violencia. Por esa razón es que, muchos individuos, al experimentar estos sentimientos, sienten el famoso "nudo en el estómago".

Cuarto chakra: corazón, cardíaco, cordial o anímico

Se encuentra ubicado en la región dorsal, detrás del corazón y se corresponde con el plexo cardíaco. Su área de irradiación o zonas corporales de influencia son el corazón, el pecho, los pulmones, el timo, el sistema inmunológico, los brazos y las manos. La oxigenación de la sangre y la circulación del aire son funciones de este núcleo energético. Esto último se debe a que su correspondencia elemental es el aire.

Su cometido es vincularnos con nuestra propia identidad, con la experiencia del amor incondicional que surge del desapego y con la paz interior. Una vez traspasado el diafragma en su camino ascendente, es el chakra que marca el nacimiento espiritual y señala la aurora del entendimiento superior. Es a partir de él que el individuo adquiere nuevas habilidades y posibilidades al vincularse con su identidad más profunda y verdadera, lo cual le posibilita autopercibirse de una manera novedosa y más sustancial. Por esa razón, se relaciona con la compasión, la ternura y la solidaridad y alude y posibilita la concreción del deseo de unidad emocional y afectiva.

Cuando el chakra cardíaco se encuentra en armonía, esto se evidencia en una persona donde predominan la compasión, la empatía hacia los demás seres vivos y el desinterés, capaz de dar amor sin esperar retribución alguna, respetuoso de todas las manifestaciones de vida y con gran capacidad para disfrutar de la belleza, aún de aquella que habita en las cosas más simples.

Contrariamente, cuando este chakra está desarmonizado el individuo se encuentra emocionalmente bloqueado en grado sumo, no pudiendo disfrutar de la vida y atravesando constantemente por situaciones repetidas de depresión, angustia y melancolía. Debido a su área de irradiación, los signos de desarmonía que se ponen de manifiesto a nivel somático son: afecciones cardíacas, hipertensión, alteraciones del sistema inmunológico y dolores en los brazos y las manos.

Quinto chakra: laríngeo o garganta

Se encuentra ubicado detrás de la garganta y se corresponde con los plexos laríngeo y faríngeo.

Su área de irradiación o zona de influencia la constituye las cuerdas vocales, los oídos, los hombros, la boca, las glándulas tiroides, las paratiroides y el sistema linfático.

Su correspondencia elemental es el éter, fluido energético nebuloso que se mantiene en los niveles anímicos y espirituales, a la vez que opera como espacio que facilita la transmisión de los sonidos.

Su misión es vincularnos con la creatividad, la devoción y la comunicación. Por eso, cuando este centro energético está abierto y funcionando al máximo, la persona vive plenamente y se encuentra capacitada para crear, manifestando esa actitud creativa en todos los ámbitos de su existencia, sin que necesariamente sea un artista o un inventor. La facilidad para comunicarse es otra de las características del individuo con un buen funcionamiento del chakra laríngeo. Como consecuencia del área de irradiación sobre la que opera, un quinto chakra convenientemente armonizado se evidencia asimismo en una voz buena y potente y una salud bucal notable, un sentido del oído sin problemas.

En los casos en que este chakra se encuentra desarmonizado aparecen, entre otros síntomas, irritación y dolor de garganta, tendencia a sufrir anginas, disfonía crónica, episodios de afonía, problemas de audición, tortícolis y trastornos glandulares, tales como hipo e hipertiroidismo. En el aspecto psicológico, el desequilibrio se manifiesta en las dificultades de comunicación, tanto en el habla como en el escucha. Asimismo, se ven bloqueadas las posibilidades de expresión, especialmente en todo lo vinculado a los sentimientos y deseos más profundos y, como consecuencia de ello, sucede otro tanto con todo lo vinculado a las tareas creativas. Frente a las dificultades de expresión y a la ausencia de creatividad, no tardan en hacerse presentes los sentimientos de angustia, frustración y tristeza.

Sexto chakra: frontal, del entrecejo o tercer ojo

Si bien convencionalmente se suele localizar este chakra en el rostro –concretamente, entre las cejas–, su ubicación real es en el centro de la cabeza. Se corresponde con el plexo frontal y con el elemento mente.

El chakra frontal tiene como objetivo conectarnos con la sabiduría espiritual e intuitiva que transforma de manera radical y absoluta, de una vez y para siempre, la experiencia humana. En él, mora la sapiencia, ya que es la sede de la intuición, el conocimiento intelectual y la clarividencia.

Su área de irradiación es el cerebro, la nariz, los ojos, el sistema nervioso, la glándula hipófisis y la glándula pineal.

En el aspecto espiritual y psíquico es el chakra de la lógica y de la verdadera intuición y comprensión de la realidad. Es, asimismo, el motor de búsqueda de la sabiduría auténtica y del amor más profundo y trascendente. También influye sobre la concentración, la autopercepción, la imaginación, la fantasía y la inspiración. Abierto y en armonía, libre de bloqueos, este vórtice energético concede visión y compresión clara de los acontecimientos, agudiza la intuición, despierta el sexto sentido interno y conecta a la persona con la posibilidad de comprender el devenir existencial desde diferentes ángulos. Desde lo físico, un buen ritmo de sueño (vinculado a la glándula pineal, encargada de producir melatonina, una hormona que actúa sobre los períodos de sueño y de vigilia) y la ausencia de problemas en los ojos constituyen dos signos claros de que este chakra se encuentra funcionando al máximo de sus posibilidades.

Contrariamente, son claros síntomas de desequilibrio del chakra del entrecejo los problemas oculares, los dolores de cabeza, las jaquecas y los trastornos de sueño (dificultad en conciliarlo, sueño entrecortado, etc.). La sintomatología psicológica es amplia: estado constante de nerviosismo e irritabilidad (casi imperceptible o verdaderamente acentuado), ausencia absoluta de intuición, estancamiento intelectual, o propensión claramente patológica al aislamiento. Cuando la desarmonía de este núcleo energético es verdaderamente grave, puede llegar, incluso, a producir alucinaciones.

Séptimo chakra: corona, coronilla o coronario

El corona o coronario es el núcleo energético más elevado, el chakra que viabiliza el acceso a la consciencia más alta, el vórtice ubicado sobre la cabeza que recibe la energía cósmica-divina y el don de la vida. Es el núcleo energético relacionado con la consciencia cósmica, con la inspiración y con la iluminación. Es el fin de un sendero, es el estadio más alto que puede alcanzar la energía. Es el sitio de la realización final, de la liberación de la existencia.

Se corresponde con el plexo coronario pero no puede ubicárselo en un sitio determinado del cuerpo físico ya que, en realidad, se trata de un núcleo energético que se halla por fuera de éste, ya en el aura, por encima de la coronilla.

Al contrario que los chakras anteriores que se vinculaban con determinados elementos (tierra, fuego, mente, etc.), en este caso no hay tal reciprocidad, ya que este núcleo energético, al conectar con lo más alto, es el centro mismo de la trascendencia y no puede hablarse de ninguna correspondencia elemental.

Su área de irradiación es el hipotálamo, zona cerebral que produce las hormonas de control que regulan varios procesos corporales.

Cuando este chakra se encuentra equilibrado y funcionando a pleno, el ser humano arriba a su más alto desarrollo a todo nivel: físico, espiritual, energético, afectivo, anímico y mental. En este estadio, la armonía es total.

Los signos de desequilibrio más frecuentes suelen ser los tumores y la sensación de presión en el cráneo. En el ámbito psicológico, pueden producirse desórdenes mentales graves.

CAPÍTULO 5

Los bloqueos

Más allá –pero íntimamente vinculado al tema del capítulo anterior, "Conexiones energéticas: auras y chakras"–, y tal como lo venimos adelantando con palabras diversas, el Reiki actúa sobre los bloqueos que, de origen eminentemente energético, devienen en físicos, afectivos o mentales.

Causas de los bloqueos

Dolores de cabeza, molestias circulatorias, jaquecas, problemas digestivos, inapetencia, quistes, insomnio, tos, congestión nasal y todos los restantes síntomas que nos pueden afectar son, tal como lo vimos, signos de un desequilibrio energético. Y muchas veces pueden ser, además, manifestaciones de un bloqueo que se da a otro nivel (afectivo, mental) y que el cuerpo lanza a modo de pedido de auxilio. Para decirlo de manera metafórica, el síntoma (cualquiera sea éste) es la punta del iceberg de un problema que, como el resto del iceberg, se encuentra oculto.

¿Cuáles son esos bloqueos que puede causar uno o varios síntomas físicos? Veamos algunos ejemplos.

Los sentimentos reprimidos o no vividos

Los sentimentos reprimidos o no vividos los ocasionan a menudo. Pasaré a relatar un caso que he conocido muy de cerca. Refiere a una de las personas a las que apliqué Reiki.

Simón fue un niño que conocí en Caracas —mientras me hallaba dando uno de mis seminarios— pero que provenía de un pequeño poblado rural del interior. Sus padres habían concurrido a mi seminario de iniciación y me comentaron, al finalizarlo, que estaban preocupados por su pequeño hijito de seis años quien, de un tiempo a esa parte, manifestaba problemas de audición, si bien antes, nunca había sufrido de ello. Le ofrecí a los padres darle Reiki a Simón y, por supuesto, ellos accedieron encantados. En los siguientes días, el niño acudió gustoso a las sesiones, al final de las cuales, charlábamos cada vez con mayor confianza. Al cabo de unos días el niño, me relata el siguiente hecho: hacía pocos meses había nacido su hermana (hecho del cual yo ya tenía conocimiento) y, tal como aún suele hacerse en algunas zonas alejadas de las grandes urbes, el parto se realizó en la casa. Mientras la madre daba a luz, el niño permanecía con su tía (hermana de la madre) en otro cuarto, desde donde escuchaba claramente las quejas y los gritos de su madre. En medio del relato, Simón me dice: "Mamá gritaba fuerte y a mí eso me daba mucho miedo. Y como no está bien que un hombrecito tenga miedo, decidí que no iba a escuchar los gritos de mamá". A partir de esa decisión de bloquear ese miedo que no podía manejar, comprender ni, mucho menos, soportar, Simón bloqueó también su oído. Felizmente, al hablarlo con él y seguir aplicándole Reiki, Simón recuperó poco a poco la audición perdida.

El ejemplo que acabo de exponer señala cuán benéfico puede resultar el entendimiento global de los síntomas y de las enfermedades: si comprendemos, si aprehendemos la verdadera historia de su origen y logramos aceptar sus conexiones psicosomáticas desde el contexto de nuestra propia historia, entonces los síntomas habrán cumplido con su objetivo de ser un llamado de auxilio y, por lo tanto, desaparecerán.

Las necesidades básicas insatisfechas

Otra causa frecuente de bloqueos son las *necesidades básicas insatisfechas*. Una de nuestras necesidades primordiales es la de sentirnos amados de manera incondicional y la de experimentar ternura y seguridad en el acto de tocar y ser tocados. El ser humano es un ente social por naturaleza y depende (especialmente en los primeros estadios de su desarrollo) de la ayuda de los demás y del amor que se le prodigue. El contacto físico y el recibir atención amorosa constituyen dos factores esenciales para mantener nuestra buena salud, tanto física como mental y, sobre todo, afectiva.

Valga para ilustrar eso el muy conocido ejemplo de esos niños huérfanos que, viviendo en orfanatos y teniendo cubiertas sus necesidades elementales en el orden de lo material (casa, comida y ropa), enferman o, más directa y dramáticamente, mueren porque carecen de alguien que los cuide, los acaricie, les hable y se interese por ellos desde el amor.

Sin llegar a casos tan extremos, el tipo de contacto que sentimos de nuestros padres mientras éramos niños (y muy especialmente, bebés), el haber recibido o no la atención necesaria, el hecho de que nos hayan sujetado con suavidad y firmeza o, contrariamente, nos alzaran de manera descuidada y a las apuradas, todo ello ha quedado grabado a fuego en nuestra memoria inconsciente y, sin dudas, ha sido determinante para el estado de nuestro chakra corazón generando un bloqueo que dé lugar a síntomas. El Reiki está a nuestra disposición para descubrirlo, entenderlo y remediarlo.

Las influencias negativas

Las influencias negativas (especialmente las que provienen de los familiares directos y se producen durante la infancia) también son causa recurrente de bloqueos. Una vez, en Santiago de Chile, transmití Reiki a Macarena, una joven de un poco más de veinte años con problemas en las manos. Concretamente, experimentaba de manera intermitente, temblores. Por esa razón se había sometido a numerosos estudios médicos que habían revelado que no existía causa orgánica en absoluto para que se presentara esa sintomatología. Acudió a mí en busca de Reiki y, como sucede muchas veces, la armonización de los chakras provocó un desbloqueo que hizo que afloraran recuerdos reprimidos, y esto le permitió llegar al verdadero nudo del problema: cuando era pequeña y algún objeto se le caía de sus manos (cosa harto frecuente en la etapa en que los niños están aprendiendo a asir las cosas), su madre la reprendía de manera cruel, pegándole en las manos y diciéndole: "Todo se te cae... pareces una vieja temblorosa". Esa frase se grabó a fuego en su inconsciente y "operaba" produciéndole temblores y convirtiendo en una triste realidad el designio materno: efectivamente, la joven Macarena era, por momentos, una vieja temblorosa. El Reiki fue de notable ayuda para que ella pudiera ver eso e iniciara su proceso de curación real. Tiempo después, recibí de ella un mail agradecido, en el cual me contaba que los temblores se habían hecho cada vez más esporádicos, hasta que habían desaparecido por completo.

Los conflictos no resueltos

Los conflictos no resueltos suelen ser otra causa común de los bloqueos. Nuestro espíritu, de forma natural, anhela y va hacia un estado integral, de manera similar al río que va hacia el mar. Por eso, ya sea de forma consciente o inconsciente, buscamos una y otra vez situaciones que nos ofrezcan la oportunidad de solucionar los viejos conflictos, de resolverlos desde una experiencia más amplia. ¿Cuáles son estos conflictos no resueltos? Los hay de diversa índole. Una de ellas es la muerte de un ser querido a la cual hemos respondido adaptándonos, pero sin haberla asimilado verdaderamente. Otro caso muy frecuente es el de separaciones matrimoniales con las mismas características: se las acepta de manera resignada, sin asimilarlas realmente. ¿Cuántas mujeres viven pendientes de lo que dice y hace su ex marido aunque la separación se haya producido hace años? Eso indica que se trata de una situación irresuelta. Y todo aquello no resuelto, aquello que se encuentra "pendiente" indefectiblemente, se muestra en el cuerpo: nuestra postura corporal así como nuestro tono muscular delatan en qué ámbitos se han formado bloqueos y se ha estancado la energía. Esas áreas bloqueadas impiden el libre flujo y circulación de nuestra fuerza vital, así como restringen la conexión clara entre los niveles corporal, mental y espiritual. También en esos casos, el Reiki es una ayuda invaluable para recuperar la armonía y el equilibrio.

Las influencias del entorno materialista

Las influencias del entorno materialista, especialmente en el mundo occidental, también son, lamentablemente, una constante fuente de bloqueos. De forma casi permanente y, de manera particular, a través de los distintos medios de comunicación, se impulsa a las personas al consumo compulsivo e indiscriminado, a vivir más en el "tener" que en el "ser". De esa manera, los individuos comienzan por desoír y terminan por desconocer sus necesidades verdaderas y profundas, las que parten del núcleo del ser. En detrimento de esto, se dedican a satisfacer necesidades falsas; de esa manera viven pendientes de cambiar su automóvil por un modelo más nuevo, se endeudan para comprar a crédito todo electrodoméstico que aparezca en el mercado (sea necesario o no), cambian de guardarropa cada temporada sólo en pos de seguir los dictados de la moda, etc. De esa manera, se dedican a amontonar propiedades materiales y se conforman con sensaciones externas que las llevan al distanciamiento, a las dificultades de comunicación y a un aislamiento progresivo. Naturalmente, todo ello se refleja en el cuerpo en forma de bloqueos diversos. Y el Reiki puede ayudar, en estos casos, en dos sentidos: disolviendo esos bloqueos y ayudando al individuo para que se reconecte con sus necesidades más genuinas y profundas.

Los sentimientos reprimidos o no vividos, las necesidades básicas insatisfechas, las influencias negativas, los conflictos no resueltos y el entorno materialista nos alejan de nuestro propio centro, generando en nosotros bloqueos que nos impiden vivir en equilibrio interior y con nuestro entorno. El Reiki, en tanto método de relajación y curación, posibilita encontrar de nuevo el propio centro, con el objetivo de configurar la vida de forma más plena, viva y despierta.

Parte II
ENSEÑANZA Y APRENDIZAJE DEL REIKI

CAPÍTULO 6

Introducción a la enseñanza del Reiki: niveles y maestros

Para poder dar Reiki, resultan imprescindible las iniciaciones impartidas en forma tradicional. Sin ellas, las posibilidades de que un tratamiento resulte exitoso son, prácticamente, nulas. El hecho de que se sigan desarrollando iniciaciones es una prueba patente de ello.

Una de las mayores virtudes del Reiki es que las prácticas de iniciación destinadas a alcanzar los distintos grados deben recibirse una sola vez en la vida y se mantienen activas para siempre. Aquellos iniciados que no utilizan Reiki durante muchos años se sorprenden al comprobar que, cuando vuelven a necesitarlo, el canal aún está abierto y pueden darse Reiki a sí mismos y a otros, independientemente del tiempo pasado desde la última vez que se practicó.

Otra de las maravillas de esta técnica terapéutica es que las vías especiales de energía que se van abriendo al alcanzar los distintos grados permiten que la Energía Vital Universal fluya libremente en la persona que da Reiki, sin que por eso pierda un ápice de su propia energía sino que, por el contrario, sea capaz de captar aún más.

Para iniciarse, se necesita un profesor o maestro experimentado, que nos introduzca en el método y nos acompañe y aconseje en las primeras experiencias prácticas.

Niveles de iniciación

La sistematización original del Reiki, desarrollada por el doctor Usui, comprendía solamente dos grados:
   a) El primer grado, a través del cual se logra ser un canal para el Reiki, o sea, a partir del cual se puede transmitir Energía Vital Universal.
   b) El segundo, mediante el cual, entre otras cosas, se adquiere la capacidad de la curación a distancia.

Fue el doctor Chijiro Hayashi quien agregó el tercer grado en la sistematización y en la formación para sus discípulos. Actualmente, el Reiki se enseña según las directivas de la Reiki Alliance, en tres niveles. Cada uno de los tres grados o niveles es, en sí mismo, una unidad independiente si bien, por supuesto, se complementan. Después del seminario de iniciación no resulta imprescindible iniciarse en el segundo nivel: todo depende de los objetivos de cada uno de los participantes.

Maestros y escuelas posteriores a Hayashi han agregado más grados o niveles (de hecho, algunas de ellas suelen tener hasta once), pero en todos los casos se mantiene la larga tradición de impartir la formación Reiki por pasos, grados o niveles.

En el presente volumen, hemos elegido respetar el muy ampliamente difundido sistema de tres grados o niveles.

Nivel I: Seminario de iniciación

En él se enseñan cuatro iniciaciones, se transmite la historia del Reiki y los cinco principios, se explica la noción de chakras y se hace otro tanto con algunos métodos terapéuticos del Reiki: el autotratamiento, el tratamiento básico, el tratamiento en grupo y el tratamiento corto. Este primer grado también enseña al alumno a apropiarse de experiencias, a conocerse a sí mismo y a manejarse con soltura, todo lo cual constituye requisitos fundamentales para ser un buen canal de Reiki.

Cualquier persona que esté en la búsqueda de la relajación y desee ser responsablemente consciente de su salud y su armonía puede participar en un seminario de iniciación. Una vez terminado, las aplicaciones continuadas de Reiki resultan el requisito imprescindible para la posterior participación en un seminario de profundización.

El iniciado Reiki-I se llama *Servidor de la Luz*, porque desea enfatizar la noción de servicio y de entrega, que constituye la base de amor y compasión necesaria en toda práctica terapéutica. Este grado faculta para realizar tratamientos por las manos, sea a uno mismo o a otro ser vivo. Por ello, el sanador Reiki-I es, en este nivel, un terapeuta manual, lo cual implica que, simplemente, aplica sus manos conscientemente y, de esa manea, activa y capta la Energía Vital Universal y le vehiculiza de modo impersonal.

Nivel II: Seminario de profundización

En él se inicia a los participantes en los sagrados símbolos del Reiki (ver capítulo correspondiente), los sutras budistas, luego de ejercitarlos profundamente. Entonces, se enseña la curación mental y la curación a distancia y se practica de forma conjunta.

Para efectuar un seminario de profundización, tal como lo explicamos, debe aplicarse Reiki de manera continuada una vez terminado el primer nivel. Asimismo, la Reiki Alliance recomienda acumular, como mínimo, tres meses de experiencia con el Reiki y sus efectos, antes de iniciarse en el nivel de profundización.

El iniciado Reiki-II se llama *Portador de la Luz*, y faculta para realizar tratamientos a distancia o mentales, por lo que el sanador Reiki-II es un terapeuta psíquico. El sanador psíquico interviene voluntaria y personalmente en el proceso de canalización, al elegir la modalidad de patrones energéticos que se imprimen en el receptor.

Nivel III: Formación de maestro

Este grado cierra el proceso. Se inicia a los alumnos, durante otro ritual de curación, en el símbolo del maestro. Luego, se practican rituales de iniciación.

Para acceder a él, se recomienda dejar transcurrir un largo período después del seminario de profundización a fin de poder acumular experiencia sólida y profunda en la práctica del Reiki.

El iniciado Reiki-III se llama *Maestro de la Luz*, y tiene la tarea de enseñar el sistema a las sucesivas generaciones, así como de transmitir las iniciaciones a los nuevos sanadores. El maestro Reiki tiene la más alta responsabilidad, al convertirse en un sostenedor de la enseñanza, lo que significa que tiene por delante la tarea de equipararse realmente con los guías espirituales que están en los planos de pura Luz.

Los días de purificación

Inmediatamente después de haber recibido cualquiera de los grados de iniciación al Reiki, el cuerpo atraviesa un período de limpieza o purificación, que se produce tanto a nivel físico como espiritual. Es natural y bueno que así sea y lo experimentan tanto los que acceden al primer nivel como los que terminan el seminario de maestría. Es el efecto del Reiki recibido que provoca una suerte de revolución energética que impacta en todos los niveles de nuestra existencia.

Se trata de una depuración que sucede a varios niveles y tiene lugar de manera espontánea y automática. Para participar de este proceso de manera activa, es importante conocer cuáles pueden ser las reacciones habituales en esos días tan especiales, de modo tal, entre otras cosas, de no alarmarse.

– Pueden aparecer sentimientos, pensamientos e ideas "viejas" que van camino a disolverse definitivamente, ya que esta fase de purificación facilita esa posibilidad.
– Es posible que se produzcan sueños extraños, miedos o temores varios, porque en estas manifestaciones siempre se po-

nen en juego aspectos fundamentales para el desarrollo personal.
— Contrariamente, muchos individuos experimentan estos períodos como una circunstancia claramente agradable y, por ejemplo, se incrementa su fuerza de voluntad para abandonar aquello que los perjudica (alcohol, cigarrillos).

Modalidades de enseñanza

Hay dos modalidades para iniciar o proseguir el camino del Reiki
- *Tomar seminarios con maestros.* Hay personas que necesitan que se las conduzca y se las guíe en el proceso de aprendizaje; precisan tener una persona idónea y confiable en quien apoyarse: el maestro, profesor, o facilitador. A través de la relación maestro-alumno el camino queda definido con mayor claridad y, por lo tanto, es menor el peligro de elegir sendas equivocadas. Además, un aprendizaje de este tipo puede ser también una ayuda importante para el alumno por la riqueza que el vínculo puede proporcionarle, más allá de la transmisión de contenidos. Ésta es, sin lugar a dudas, la modalidad de enseñanza recomendada. Sin embargo, no sería honesto omitir otro tipo de curso, ideado para aquellos que, por ejemplo, viven en zonas donde no hay un maestro de Reiki o cuyos tiempos están sumamente acotados. Se trata del aprendizaje a distancia.
- *Aprender mediante la iniciación a distancia.* En este caso se trata de que el alumno siga las pautas de aprendizaje y entrenamiento con un guía, sin necesidad de la presencia de un maestro. Este libro puede considerarse ese guía pero, insistimos, la enseñanza directa de un maestro posee un plus irremplazable.

El papel del maestro

Además de la iniciación y de la historia del Reiki, el maestro a cargo, junto con el alumno, es uno de los pilares fundamentales del proceso de aprendizaje, entre otros motivos, porque la personalidad de quien imparte los conocimientos adquiere un significado central en los seminarios. Se constituye en, por decirlo de alguna manera metafórica, "el alma y el corazón" de los cursos. Por esa razón, la configuración y desarrollo de ellos dependen, en buena medida, de la personalidad del maestro Reiki que los dirija, ya que se ponen en juego:

- *La imagen humana que transmite*, por ejemplo: ¿establece una relación de maestro distante, o por lo contrario, su trato es cordial y coloquial?
- *Los componentes que conforman su personalidad*, por ejemplo: ¿se trata de alguien que evidencia sentido del humor o no?, ¿comenta aspectos de su vida personal o no?
- *Su experiencia vital*: no se comporta ni transmite los conocimientos de la misma manera que un maestro de 30 años de edad que otro que ronda las siete décadas de vida.
- *Su experiencia docente*: de manera similar al ejemplo anterior un Reiki master con 20 años de experiencia manejará las situaciones que se presenten de manera muy diferente a como podría hacerlo otro que sólo cuente con una experiencia de 2 años.

La denominación de Sensei o Maestro se aplicaba en la tradición japonesa —y, en líneas generales, en Oriente— a aquellas personas que, por su sabiduría y su comportamiento honorable, habían alcanzado una posición relevante dentro de su actividad. De manera semejante y con sentido honorífico, también se aplicó en su tiempo la denominación de Sensei al Doctor Mikao Usui.

A partir de la extensión del sistema Reiki a Occidente, a través de la Sra. Takata, se conservó la denominación de Maestro de Reiki para todos los practicantes que habían recibido la capacitación para perpetuar y transmitir el sistema, tras la iniciación de Maestría.

> *Pero, ciertamente, podríamos preguntarnos (y sería muy válido hacerlo): ¿es adecuado aplicar la denominación de Maestro a todos los profesores de Reiki?*
>
> *Si bien la experiencia y la formación sólida en Reiki pueden aportarnos "maestría" (con minúscula, en tanto y en cuanto es sinónimo de destreza), para alcanzar la "Maestría" (con mayúscula, sinónimo de persona que ejerce autoridad moral e influye de manera relevante en los demás) sería preciso mostrar determinadas cualidades de manera notable: un grado considerable de sabiduría más allá de los conocimientos específicos de Reiki y un comportamiento ético basado en una calidad moral verdaderamente intachable. Así pues, ¿cuántos de quienes transmiten Reiki están en condiciones de aplicarse con propiedad el título de "Maestros"? Verdaderamente muy pocos. Por eso, en este libro —a diferencia de otros— hemos optado por utilizar la palabra con minúscula. Y si el lector inquieto decide comenzar a tomar los seminarios y tiene la dicha y la suerte de encontrar a un Maestro con mayúscula... ¡bienvenido sea!*

Cómo elegir maestro

Cuando se toma la importante decisión de canalizar Energía Vital Universal y, para ello, se resuelve comenzar con el seminario de primer grado, es por demás aconsejable que, a la hora de seleccionar maestro/a de Reiki, se tengan en cuenta algunos criterios, cuidados o precauciones:

- Siempre es importante informarse de las referencias directas sobre maestros que puedan aportarnos personas que ya hayan realizado anteriormente cursos de Reiki y cuya opinión nos merezca confianza y credibilidad.
- Si se carece de referencias personales directas, una buena manera de obtener mayor seguridad en el maestro o la maestra

seleccionados es que realicen su actividad en un Centro o en una Asociación seria.
- Al igual que como sucede con cualquier otra disciplina (shiatsu y reflexología, por nombrar algunos ejemplos cercanos, pero también matemáticas y escultura, entre otros), no todos los maestros tienen las mismas cualidades como profesores ni tampoco poseen una capacidad idéntica como canales de transmisión del sistema. Como ocurre en todo tipo de aprendizajes, hay maestros mejores y peores. Así pues, resulta por demás conveniente informarse acerca de su formación profesional y docente: con quién ha estudiado, cuánto hace que ha terminado su aprendizaje, etcétera.
- El estilo del maestro, la imagen humana que transmite y su personalidad, también resultan de suma importancia. Por ejemplo: ¿Te sentirías mejor con alguien que imparta sus conocimientos de manera más bien formal o informal?
  En caso de que el maestro realice charlas o conferencias (cosa que es bastante usual) acudir a ellas es una buena forma de captar si tenemos o no empatía con el estilo de ese maestro.
- También es provechoso analizar cualquier tipo de información que el maestro o la maestra nos hayan hecho llegar o que se encuentre a disposición: folletos, artículos, sitio de Internet, etcétera.

Cómo ser un buen alumno

De la misma manera en que es por demás importante que te fijes en las características del maestro elegido, tu actitud ante el Reiki también es de fundamental importancia para ser un buen alumno de Reiki y, luego, un buen canal transmisor de Energía Vital Universal. Algunos puntos al respecto, son los siguientes:
- Ten en cuenta que el curso que tomes (independientemente del nivel) debe incluir siempre un certificado o diploma para testimoniar tu grado de iniciación Reiki ante otros maestros y practicantes, así como ante posibles receptores.

- Respeta la tradición Reiki.
- Evita los cursos con un número excesivo de alumnos; el límite razonable puede estar en los 12 participantes. Sólo de esa manera, el maestro tendrá la posibilidad de responder individualmente a las necesidades y preguntas de los alumnos.
- Solicita un contacto (número de teléfono, casilla de correo electrónico) para poder consultarle las eventuales dudas a tu maestro.
- Participa en los talleres de tu maestro.

Cómo ser un buen canal

Después de recibir cualquiera de las iniciaciones de Reiki, es responsabilidad del practicante mantenerse y mejorar paulatina y permanentemente como *canal de la Energía Vital Universal*. Para favorecer nuestra capacidad de sanación, debemos habituarnos a la siguiente práctica: darse cada día un autotratamiento de Reiki, insistiendo en aquellos chakras que necesiten más energía. Puede hacerse por la mañana o por la noche, y el tiempo estimado es de 45 minutos. Si no se dispone del tiempo suficiente, se puede bajar a 20 minutos, pero no es recomendable hacerlo más breve.

CAPÍTULO 7

Los símbolos del Reiki

En el capítulo precedente, explicamos que en los seminarios de nivel II y III, el alumno era iniciado en el conocimiento y puesta en práctica en los sagrados símbolos del Reiki.

Un símbolo puede definirse y explicarse de muchas maneras. La humanidad los ha creado y se ha servido de ellos durante milenios y siempre han estado presentes en las más diversas culturas. Por ello, buscar una definición o explicación unívoca se hace, sencillamente, imposible. Desde el punto de vista de quien se encuentre interesado en el Reiki, una buena manera de explicar qué es un símbolo es decir que es una suerte de diseño al que puede recurrir nuestra consciencia para canalizar y centrar la Energía Vital Universal.

Un símbolo es algo que está en lugar de otra cosa, algo que permite acceder a otro plano que no se encuentra presente sino a través de ese diseño que lo alude. En el caso de los símbolos del Reiki, los símbolos son cuatro, le fueron revelados al Maestro Usui en la iluminación que experimentó en su último día de meditación y ayuno y tienen la misión de facilitar la conexión con la Energía Vital Universal. El Maestro no utilizaba símbolos para conectar con la Energía, puesto que él no los precisaba. Se preocupó, sin embargo, de enseñar varios de ellos a sus alumnos, sin duda para facilitar a los nuevos practicantes la conexión y el envío de Reiki.

Pueden utilizarse de diversas formas: dibujándolos con las manos, repitiendo sus nombres a modo de mantra o, simplemente, visualizándolos.

Los cuatro símbolos del Reiki tradicional

El Maestro Usui transmitió cuatro símbolos de poder, tres de los cuales se enseñan en el nivel II:

- El Símbolo del Poder o de la Activación (*Cho Ku Rei*).
- El Símbolo Mental- Emocional o de Armonía (*Sei He Ki*).
- El Símbolo de la Distancia o del Espacio-Tiempo o Símbolo para la curación a distancia (*Hon Sha Ze Sho Nen*).

El cuarto, el Símbolo Maestro (*Dai Ko Myo*), se da a conocer en el nivel III o maestría. Esos son los símbolos básicos del Sistema Usui Japonés que deben ser implantados en el sistema energético de los alumnos por cualquier maestro.

Cada símbolo, a su vez, va asociado a un mantra o kotodama que también tiene el "poder" de invocar la presencia de la Energía Vital Universal cuando se piensa o pronuncia con esa intención (usualmente, el mantra se dice tres veces).

Entre ellos, los iniciados en cada grado del sistema Reiki nombran los símbolos por su correspondiente kotodama; sin embargo, en público o ante iniciados de niveles inferiores se refieren a los símbolos mediante sus nombres no esotéricos.

El poder de invocar la Energía Vital Universal por parte de los símbolos Reiki sólo es efectivo después de haber sido implantados por un maestro de Reiki en el sistema energético del alumno. O sea, las imágenes, carteles o fotografías de los símbolos Reiki carecen de cualquier tipo de poder en alguien que no ha sido iniciado. Incluso para éstos, los símbolos únicamente muestran su poder de facilitar la conexión energética si se trazan física o mentalmente después de haber puesto la intención de conectar con Reiki.

El Símbolo del Poder o de la Activación (*Cho Ku Rei*)

Este signo actúa sobre la energía física, entre otros motivos porque nos conecta vibracionalmente con los seres a los cuales el Universo les encargó la creación del cuerpo humano. Se trata de un signo que activa programas ubicados en nuestra memoria y que, con ello, restablece las pautas en el camino hacia nuestra curación física. Sus aplicaciones básicas son:

- Enfocar la Energía Vital Universal en el cuerpo de la persona que recibe un tratamiento. De ahí que este símbolo también recibe el nombre de *Conector*, ya que establece contacto entre le Energía Vital Universal y la energía vital en estado de desequilibrio del paciente.

- Aumentar la energía física de la persona que recibe el tratamiento. Con su utilización, el vigor del paciente se puede incrementar notablemente, tanto al hacerle un tratamiento de contacto directo, como a distancia.

Su trazado comienza con una línea horizontal que es la representación del Uno, de la Unicidad, del Universo, de Dios, de la Fuerza Creadora Primordial. Luego, continúa en una línea vertical que alude a la jerarquía descendente del cielo a la tierra, manifestando un orden inicial. Finalmente, el trazado concluye con una espiral que va hacia el centro, clara alusión a la necesidad de equilibrar, armonizar y centrar la Energía.

El Símbolo Mental-Emocional o de Armonía. (*Sei He Ki*)

Este símbolo actúa, básicamente, sobre el hemisferio derecho del cerebro.

El *Sei He Ki* nos serena, nos unifica y nos centra porque tiene el poder de posibilitar el sentido del equilibrio y la armonía que deben reinar en un cuerpo activo, en una mente aquietada y en un espíritu libre y abierto. Para ello, "reprograma" todo proceso de desorden interno, producto de la pérdida de poder que lleva a trasladar los conflictos a un objeto o situación exterior (con lo que se pierde control sobre ellos), y hace que asumamos como propios o internos los conflictos, de tal modo de tener el poder de solucionarlos.

Es un símbolo que se aplica para limpieza, purificación, desintoxicación y desintegración de las energías negativas, en las personas, animales y plantas.

Asimismo, es por demás efectivo en tratamientos para restablecer el equilibrio de las emociones y en el desarrollo interior de la Consciencia del Universo o Conciencia Cósmica.

El trazado de *Sei He Ki* genera la idea de un rostro muy antiguo que mira en su parte superior por el tercer ojo y que tiene expresados en su nuca dos conceptos alternativos: la elección que debemos hacer entre aquello que nos beneficia y aquello otro que nos perjudica.

En este signo se manifiesta la ley de causa-efecto según la cual, la única manera posible de alterar el efecto es modificando la causa que lo originó.

El Símbolo de la Distancia o del Espacio-Tiempo o Símbolo para la curación a distancia. (*Hon Sha Ze Sho Nen*)

Este símbolo es el reconocimiento del soplo divino que existe en cada uno de nosotros al tiempo que nos habla del idéntico origen de todo y de su manifestación de maneras diversas. Muchos estudiosos y practicantes del Reiki consideran que se trata del signo más poderoso del cuarteto.

Con este símbolo se superan los límites que imponen el tiempo y el espacio. El uso que se le da con mayor frecuencia es el de curación a distancia, llamada también *telecuración* y *tratamiento de mente a mente*. Su aplicación en los tratamientos a distancia es tan poderosa, como lo es el colocar las manos directamente sobre el paciente. Otra aplicación de este signo consiste en apoyar a distancia a otras personas, programando y fortaleciendo sus pensamientos.

Es el símbolo que rige la mente y, por lo tanto, opera sobre el hemisferio izquierdo del cerebro. Por esa razón, una de sus aplicaciones específicas (además de la curación a distancia) es la sanación de trastornos psicológicos y psiquiátricos.

El trazado de *Hon Sha Ze Sho Nen* genera la idea de un orden vertical que comienza en su parte superior, aludiendo a los planos de la divinidad, y continúa en el mundo de lo inmanifiesto para llegar finalmente, en su base, hasta el mundo humano

El Símbolo Maestro (*Dai Ko Myo*)

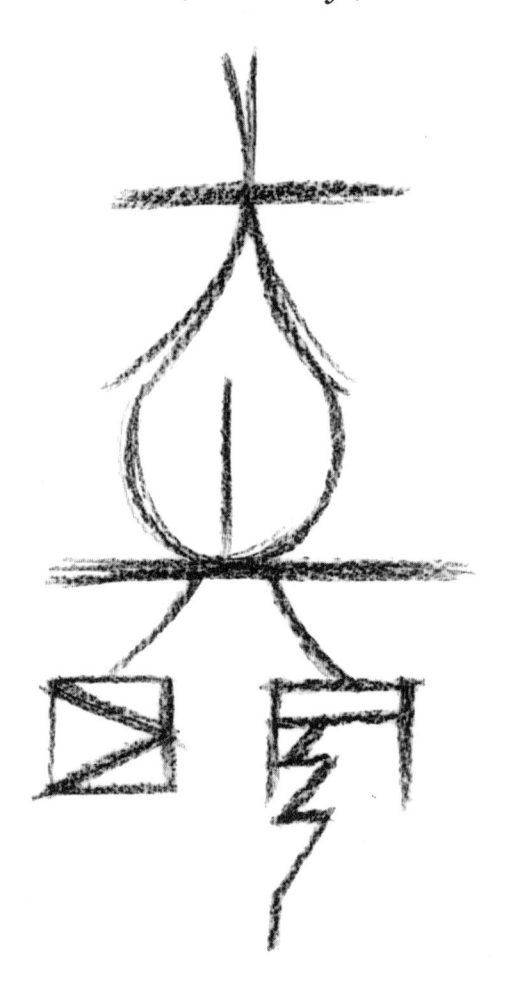

Dai Ko Myo es el signo de la maestría del Reki. Alude al "Ser iluminado", a la luz radiante y a la trascendencia hacia lo Universal. Es el símbolo que nos permite superar las contingencias de la mente para llegar al verdadero conocimiento y la Unidad con el Todo.

En la parte superior de su trazado, aparece una alusión a la Inteligencia Infinita, lo Supremo, mientras que en su parte inferior semeja a un hombre con sus brazos abiertos dispuesto a recibir lo que esa Inteligencia Superior e Infinita tiene para ofrecerle.

CAPÍTULO 8

Nivel I

Tal como lo adelantamos, el nivel I constituye el seminario de iniciación al Reiki y puede ser tomado por cualquier persona en busca de relajación, salud y armonía.

¿Cuándo realizarlo?

El momento adecuado para realizar el seminario de iniciación es aquel en el que se cuente con tiempo libre para el conocimiento de uno mismo y para poder, posteriormente, elaborar las experiencias del curso e integrarlas a la vida cotidiana. Una imagen puede resultar muy útil a los fines de escoger el momento adecuado: el seminario de iniciación está pensado como un regalo que nos hacemos para dedicarnos amor, tiempo y atención.

Además, también existe un momento interno para dar los primeros pasos en el camino del Reiki, relacionado fundamentalmente con la predisposición. Participar en un seminario de este tipo exige la siguiente actitud de vida:
 — Ausencia de prejuicios y presencia de curiosidad ante personas desconocidas.
 — Predisposición a entablar contacto corporal con uno mismo y con los demás asistentes.

– Decisión de neutralizar las situaciones vitales ya padecidas y el rol que tuvimos en las mismas, asumiendo nuevos impulsos e iniciativas.

Preparándose para el seminario

Para iniciarse, no es necesaria una preparación estricta ni especial. Pero sí es bueno observar algunas pautas que harán que la permanencia en el seminario de iniciación resulte más provechosa y placentera.

- Una alimentación sana y consciente en los días anteriores puede favorecer el proceso de limpieza provocado por la iniciación y el tratamiento. Una dieta exclusivamente compuesta por frutas y arroz, por ejemplo, constituye una opción altamente recomendable.

- Beber abundante agua en el o los días previos también facilitará la limpieza y la eliminación de toxinas.

- Gracias a la comida ligera y a la abundancia de líquido, se podrá obtener una cuota de "energía suplementaria" que permitirá incrementar la percepción de procesos anímicos y mentales. De lo contrario, buena parte de ese flujo energético se perdería irremediablemente en el proceso digestivo.

- La ropa suelta y cómoda es, por supuesto, la más recomendable, ya que permite moverse con mayor libertad y sentirse más a gusto, tanto consigo mismo como con los demás.

Relato de un seminario de nivel I

Existen diversas maneras de llevar adelante los seminarios de primer grado de Reiki y, tal como lo adelantamos, en cada uno de ellos se imponen necesariamente la formación, estilo y preferencias del maestro. También sucede otro tanto con los de los participantes. Sin embargo, en todos los casos se imparten los mismos contenidos específicos de ese grado. Concretamente, los alumnos se interiorizan sobre la historia del Reiki y reciben una base mínima teórica y práctica sobre cómo accionar. Se aprenden las posiciones básicas de las manos, se enseña y practica la autocuración, la noción de chakras, el tratamiento básico, el tratamiento en grupo y el tratamiento corto. Por supuesto, también se realiza lo más importante y esperado: la apertura del alumno como canal de Reiki.

Es habitual que un seminario de Reiki se lleve a cabo durante un fin de semana. Narrar qué sucede durante el mismo brindará información al lector y también lo introducirá en las tareas y procesos por los que ha de atravesar solo si decide encarar la educación a distancia. También existe la posibilidad (que de hecho, este libro alienta) de que leyendo cómo se realizan estos seminarios, el lector decida participar de uno de ellos. Pasemos al relato.

En la mañana del primer día, es muy común que buena parte de los alumnos se sientan todavía inseguros y aprensivos. Resulta comprensible: es el comienzo y tienen infinidad de dudas y de preguntas sobre la teoría y la forma de accionar del Reiki. El maestro a cargo intenta responder a los lógicos interrogantes de quien inicia algo de lo cual sabe poco o nada y, con ello, disipa las primeras dudas y esparce una sensación de tranquilidad entre los participantes. Luego, cuenta la historia del Reiki.

Generalmente, se continúa con ejercicios de relajación que persiguen dos objetivos: sensibilizar y desbloquear la percepción externa e interna, por un lado, y, por otro, pasar a la práctica y ver cómo funciona el Reiki. El resultado de ello es un clima más tranquilo que, entre otras cosas, posibilita que lo emocional aflore con mayor fuerza, sinceridad y suavidad. Luego de las prácticas de relajación, los participantes del seminario están notablemente más dispuestos a vincularse con sus compañeros y surgen intercambios espontáneos.

Se continúa con las prácticas de iniciación que posibilitan al alumno abrirse como canal para el Reiki. Muchas personas experimentan el proceso de apertura del canal como una sensación muy agradable y positiva. Es muy común que ese momento vaya acompañado por una sensación de calor y un hormigueo en determinadas zonas del cuerpo. No es extraño que esas sensaciones se experimenten con mayor intensidad en las manos, ya que es a través de las mismas que se canaliza la fuerza del Reiki.

Luego, los participantes comienzan a aprender las más importantes posiciones de las manos para la autocuración y practican cómo sensibilizarlas para efectuar tratamientos con Reiki, de manera tal que puedan manejar de forma práctica la energía curativa. Cada participante tiene la oportunidad de experimentar el autotratamiento y también de recibir tratamiento de otro integrante del grupo.

Con esta iniciación de primer grado, el alumno se encuentra en condiciones de absorber la Energía Vital Universal con mayor intensidad y amplitud. A partir de ese momento, ya está en condiciones de canalizarla a través de su cuerpo; se trata, además, de una capacidad que jamás habrá de perder ni olvidar. Ya está preparado para ayudarse a sí mismo y a otras personas en el proceso de curación.

Con su nuevo saber a cuestas y ya iniciados en el camino del Reiki, los participantes abandonan el seminario con la siguiente recomendación: dar Reiki, lo más frecuentemente que se pueda, a otras personas o a sí mismos.

La iniciación de primer grado

Hemos hablado en este capítulo y en otros precedentes de "iniciación", término con connotaciones arcanas y místicas, si los hay. Y el lector bien puede estar preguntándose: ¿En qué consiste concretamente la iniciación? Daremos una descripción de la misma al tiempo que advertimos algo: el ritual de iniciación Reiki guarda y conlleva en sí mismo un caudal de amor y belleza tal que lo convierte en sagrado e íntimo y, por lo tanto, en intransferible para quienes no lo han experimentado.

El alumno recibe la indicación del maestro de cerrar los ojos, de modo tal que pueda concentrarse solamente en sí mismo y no atender los movimientos que realizará el maestro.

El maestro comienza a marcar los símbolos del Reiki para transmitirle al alumno una poderosa corriente energética de apertura. De esa manera, la fuerza se dirige a los centros energéticos del cuerpo del alumno, de modo tal que pueda abrirse el canal para Reiki y éste pueda fluir con libertad. Se consigue así abrir los chakras y esa apertura, conjuntamente con los símbolos, conduce a la apertura definitiva y a la protección del canal para Reiki.

La iniciación incide también sobre los atributos de los chakras, pero el canal para Reiki, una vez abierto, es independiente por completo de los centros energéticos corporales, ya que la energía que circula está libre de vibraciones negativas y la persona que da Reiki se mantiene siempre protegida de la energía nociva que pueda recibir.

Además de la apertura de los canales de energía de Reiki, las prácticas de iniciación de primer grado producen una transformación energética decisiva en el iniciado ya que, como hemos señalado, el Reiki crea de manera instantánea una suerte de defensa que inhibe la transmisión y recepción de energías negativas en ambas direcciones, es decir, del que da Reiki y del que lo recibe.

Volviendo a casa

Una vez finalizado el seminario de nivel I, el participante retorna a su vida anterior. Sin embargo, en cierta medida, no lo hace: su existencia ya no es la misma que antes, la iniciación ha operado cambios en él y lo seguirá haciendo. ¿Cuáles son estas modificaciones? Por supuesto, no podemos dar un listado completo y exhaustivo, por una sencilla razón: cada persona es única, es un ente absolutamente original e irrepetible. Eso hace que cada individuo se conecte de manera distinta con la Energía Vital Universal y, como consecuencia de ello, recorra el camino de forma distinta y experimente diferentes efectos. Sin embargo, existen una serie de cambios que se producen en casi todas las personas que se iniciaron en el primer grado de Reiki. Son los siguientes:

— Después del seminario de primer grado, las personas, al tocarse a sí mismas o a otras, experimentan un sentimiento de proximidad y compenetración que desconocían. Se trata de la Energía Vital Universal que se manifiesta en todo momento.

- Se incrementa el nivel de autoestima y autoconfianza. Como consecuencia de la Energía Vital Universal, comienzan a hacerse más leves (en caso de que los hubiera) los problemas y conflictos vinculados a la falta de confianza en uno mismo, la autoestima baja, etcétera.
- La persona, en su totalidad, se energiza; siente, entre otras cosas, que tiene más vitalidad, que duerme mejor y se levanta más despejada y que se cansa menos, tanto física como mentalmente.
- El movimiento es otra cosa que se incrementa. Quien se ha iniciado siente que, tanto interiormente como a su alrededor, todo se mueve más que antes, se producen más cambios. Sucede que Reiki está produciendo esa cadena de modificaciones.

CAPÍTULO 9

Nivel II

Es relativamente común que durante el seminario de nivel I de Reiki o pocos días después de haberlo finalizado, los participantes manifiesten su interés por alcanzar el segundo grado para, de esa manera, profundizar en el camino del manejo curativo de la Energía Vital Universal. Para ello, es aconsejable que transcurran tres meses después de finalizar el primer nivel, practicar Reiki todos los días y haber alcanzado un grado importante de armonía interior, producto de un intenso trabajo espiritual. Si así no fuera, es mejor dejar transcurrir más tiempo entre una iniciación y otra, ya que no se trata de adquirir nuevas capacidades por el mero deseo de hacerlo o de acumular certificados, sino que el deseo debe tener como base una necesidad auténtica de progreso interior.

Teniendo en claro eso, pasemos a ver qué posibilidades ofrece el segundo grado.

El seminario de nivel II

Comencemos recordando que el practicante es un terapeuta manual que puede autoaplicarse y aplicar Reiki a otras personas, siempre que éstas estén presentes. El segundo grado hace posible prescindir de las limitaciones del tiempo y del espacio, pudiendo dar Reiki a distancia, además de fortalecer la Energía Vital Universal que fluye, así como aumentar su caudal.

Los seminarios también suelen durar un fin de semana pero, en general, el clima es mucho más relajado, sereno y positivo, ya que todos los participantes saben qué es el Reiki y lo practican. Como consecuencia de ello, la introducción en el tema es más bien rápida y, acto seguido, se producen las presentaciones de rigor entre los aspirantes. El maestro responde a las preguntas que deseen hacerle y da comienzo la iniciación.

Como en el primer grado, aquí también el maestro es el encargado de transmitirle energía al alumno con el objetivo de que se abran en él nuevos canales. Al igual que en el nivel anterior, el iniciado podrá contar con estas nuevas vías de energía durante toda su vida. Esa apertura de canales se realiza durante el primer día para que los terapeutas manuales devenidos terapeutas psíquicos puedan poner en práctica sus nuevos dones en la jornada siguiente.

Los símbolos

Una vez finalizados los rituales de iniciación, los participantes reciben del maestro los símbolos y los mantras que deben ser aprendidos de memoria a fin de que una vez que se han incorporado se transformen en herramientas fácilmente utilizables.

Ellos son:

- El *símbolo mental-emocional* (*Sei He Ki*) encargado de generar armonía entre las emociones.
- El *símbolo del espacio-tiempo* o *símbolo de la distancia* (*Hon Sha Ze Sho Nen*), que permite disolver los límites del espacio y del tiempo para Reiki. Su poder se utiliza fundamentalmente para los tratamientos a distancia.
- El *símbolo de activación* o *símbolo del poder* (*Cho Ku Rei*) responsable de reforzar y concentrar el poder de Reiki. Su nombre deriva de que, además, tiene el poder de activar los dos símbolos anteriores.

Tal como lo adelantamos, en el transcurso del segundo día se comienza con la práctica, lo que permite que los iniciados experimenten los nuevos alcances de su poder. Una diferencia fundamental al respecto es la siguiente: mientras en el primer nivel se trabaja fundamentalmente con las manos, ya que ése es el medio a través del cual fluye el Reiki, en el grado que nos ocupa ahora también se puede utilizar el chakra coronilla. Por supuesto, esto exige de los iniciados un esfuerzo considerable (mayor que el del nivel anterior), la incorporación de nuevos saberes y prácticas más intensivas y exigentes, dado que quien ofrece Reiki, habiendo llegado a este nivel, no utilizará como instrumento solamente su cuerpo, sino que también deberá comprometer su espíritu. Como se adelantó, en este nivel se desarrollan las facultades para la curación mental y para la sanación a distancia, que se podrán utilizar siempre y cuando el iniciado tenga una imagen interna de la persona a quien desea curar, de manera tal de poder establecer una conexión y enviarle la fuerza sanadora sin que ésta pierda en el trayecto nada de su potencia.

Los nuevos conocimientos y facultades adquiridas posibilitan, asimismo, la transmisión de un caudal de energía notablemente mayor. Por ejemplo: un tratamiento completo de Reiki brindado por alguien que ha alcanzado el primer nivel dura, aproximadamente, una hora y media. El mismo tratamiento, ofrecido por alguien que ha cursado el segundo nivel, se acorta a sólo diez o quince minutos, ya que puede transmitir la Energía Vital Universal de manera más concentrada.

> *El Segundo Nivel lleva al iniciado más profundo dentro de sí mismo y proporciona herramientas más potentes para el autodescubrimiento y la integración. Con la ayuda de varios símbolos, el alumno aprende a permitir que la Energía Vital Universal fluya más eficientemente.*

CAPÍTULO 10

Nivel III

El nivel III habilita al iniciado para convertirse en maestro de Reiki o Reiki master. Arribar a ese grado de conocimiento suele ser una necesidad que, de manera natural y espontánea, suele darse en los individuos que han alcanzado el segundo nivel. Sin embargo, es fundamental revisar las verdaderas causas que motivan el deseo de obtener este nivel. A ellas vamos.

Examinando las motivaciones

Por supuesto, quien emprenda el tercer nivel de iniciación debe estar movido por una verdadera "sed" de conocimiento y de dar servicio, y de ninguna manera, por el ansia tan cara al Occidente actual de "tener un certificado". El objetivo, el fin del tercer nivel es, fundamentalmente, abrir a otros como canales del Reiki para, de ese modo, recibir el agradecimiento de los alumnos que se favorecen con esa práctica. Es fundamental tener en cuenta que la verdadera "recompensa" no es la habilitación ni el certificado, sino el crecimiento espiritual de los discípulos que hará también evolucionar al maestro.

Otra meta censurable es la de aquellas personas que, haciendo cuentas, arriban a la conclusión de que la transmisión del Reiki podría transformarse en una actividad rentable que, con tiempo y esfuerzo, les permita ganarse la vida. Por supuesto, si se pone en ello energías y técnicas de comercialización, se puede subsistir organizando seminarios de fines de semana. Pero lo cierto es que, si bien se trata de una meta posible, resulta muy pobre desde el punto de vista espiritual y, lo que es peor, el fin eminentemente monetario de la actividad se traslucirá, de alguna manera, en el intercambio con los alumnos, y viciará el vínculo. En estos casos, lo más posible es que los discípulos, tarde o temprano, noten esto, se sientan defraudados (y con razón, justo es decirlo) y el maestro pierda su prestigio.

Un tercer caso es el de aquellos que se inician en este nivel con la fantasía de pasar a integrar un supuesto grupo de iniciados, una cofradía de "sacerdotes" de una suerte de religión. De más está decir que esto no es así y que quien inicie su camino a la maestría con estas esperanzas, más temprano que tarde se verá defraudado.

Salvadas estas cuestiones, lo que queda es entonces, comenzar con la búsqueda de un maestro.

A la busca del maestro

Si bien en el capítulo 6 ahondamos en lo importante que es ser cuidadoso a la hora de elegir un maestro, tal vez sea necesario replantearse la decisión al iniciar el tercer nivel. En este punto, el iniciado ya ha atravesado dos niveles de formación (tal vez con un maestro, tal vez con dos) y deberá decidir si él o los maestros conocidos son el/los adecuados para dar el paso fundamental: la maestría.

Algo fundamental, además de que el maestro esté en condiciones de dictar el tercer nivel, es que sea capaz de vincularse afectiva y espiritualmente con el iniciado. Será fundamental que exista el conocimiento mutuo, ya que entre maestro y discípulo debe fluir una corriente de confianza imprescindible para dar el paso fundamental que es impartir los conocimientos de la maestría.

Un punto primordial a tener en cuenta es que la maestría implica una relación maestro-discípulo de mucha proximidad, casi podríamos decir, de intimidad y, como consecuencia de ello, no es extraño que aparezcan desacuerdos y se produzcan crisis. Es bueno tenerlo en cuenta y asumir desde un principio que eso no será, de ninguna manera, motivo para abandonar el seminario, sino todo lo contrario: deberá ser tomado desde el comienzo como escollos a superar que le permitirán al alumno salir fortalecido.

¿Cuándo iniciarlo?

Un requisito primordial es que el aspirante haya brindado tratamientos Reiki con asiduidad, durante por lo menos un año, y que haya acumulado una importante experiencia en las prácticas que corresponden al segundo nivel.

Transitar la maestría

El tercer nivel, contrariamente a los grados anteriores que se imparten generalmente en un seminario de fin de semana, requiere de un aprendizaje más prolongado y complejo. Como ejemplo, baste mencionar que entre sus tareas estará la de asistir a su maestro en los seminarios de Reiki que éste imparta para poder aprender de esa manera, cuál es el trato que deben recibir los alumnos, de qué manera se orienta la práctica y cómo facilitar el diálogo con los participantes, de modo de resultar ameno y didáctico.

Luego de aproximadamente un año de asistencia a seminarios y, esto es fundamental, una vez que el maestro considere que el alumno ya está en condiciones, se programa el seminario para el ritual de iniciación. En el día señalado, el maestro le transmite al discípulo el símbolo del maestro.

El aprendizaje continúa con la revelación de todos los rituales de iniciación y la repetición de todos los símbolos, a fin de que el nuevo maestro domine a la perfección sus herramientas.

Una vez atravesadas estas etapas, el alumno recibe el título, con lo cual, puede comenzar su actividad docente.

Finalizada la maestría, la situación de quien la emprendió cambia.

Por un lado, su capacidad de absorción y conducción de la Energía Vital Universal se ha reforzado de manera notable.

Y, fundamentalmente, ahora, como maestro, además de poder sanar a través del Reiki, tiene otra misión fundamental, ya que ha adquirido la responsabilidad de mantener vivo el Reiki a través de la transmisión a otras personas, a través de la iniciación de otros individuos en el camino del Reiki.

Parte III
GUÍA DE TRATAMIENTOS

CAPÍTULO 11

Autotratamiento

Estar iniciado en Reiki implica que uno esté dispuesto a recorrer el Reiki Do, o sea, el camino del Reiki. Y para ello es necesario practicar el autotratamiento o la autocuración, el tratarse a sí mismo en lugar de curar a otra persona. En consecuencia, debe acostumbrarse a darse Reiki a sí mismo diariamente ya que, en realidad, no es la fuerza de la Energía Vital Universal la que produce, en última instancia, sanación ni crecimiento espiritual. Lo que induce a efectos tan benéficos son la confianza y la paciencia del iniciado, confianza y paciencia en los autotratamientos consecuentes y continuados, de manera tal de ir disolviendo de forma paulatina los bloqueos del pasado ya que, cuanto más se autotrate un reikista, más fuerte fluirá Reiki en él.

Ventajas del autotratamiento

Los autotratamientos regulares, además de constituir una suerte de "obligación" para el reikista, conllevan multiplicidad de ventajas:
— Ayudan a autopercibirse de forma más sensible e integral.
— Generan sentimientos de felicidad
— Permiten obtener más Energía Vital Universal.
— Aceleran el crecimiento interior y la evolución espiritual.
— Incrementan la autoestima y la confianza en uno mismo.
— Mejoran y estabilizan la salud.
— Permiten superar con mayor facilidad las crisis.

Preparación para el autotratamiento

Favorecer la tranquilidad y la relajación constituyen los dos puntos básicos a tener en cuenta a la hora de preparar y prepararse para el autotratamiento. Algunos consejos:

- Tomarse el tiempo necesario para conseguir una atmósfera agradable y tranquila, en la que pueda estar solo y libre de interrupciones.

- La música suave y que incite a la meditación, la luz tenue y algún hornillo con aceite esencial para aromatizar el lugar pueden favorecer la armonía de las vibraciones del ambiente.

- Bajar el volumen del teléfono y desconectar el timbre.

- Liberarse de todo lo que pueda limitar, constreñir o apretar: cinturón, anillos, ropa ajustada, anteojos, etcétera.

- Colocarse en una posición que permita respirar libremente. Puede ser acostado o sentado.

- Hecho todo esto, concentrarse en la siguiente idea: "A partir de ahora y hasta que termine la sesión de autocuración, sólo existo yo. Me introduciré en mí mismo y veré cómo me siento; me dejaré sorprender por mí mismo y me tendré paciencia. Fundamentalmente: haré de esta hora un regalo para mí."

Secuencia de autotratamiento

La siguiente secuencia tiene una duración aproximada de una hora y deben mantenerse las manos en cada uno de los sitios indicados el tiempo que sea necesario, esto es, hasta que hayan remitido los calores o el cosquilleo. Durante toda la secuencia, debe respirarse enviando el aire al estómago.

1. Coloca tus manos en los ojos, la frente y los senos nasales. Concéntrate en la idea de que estás dirigiendo la energía hacia tu interior.

2. Coloca tus manos en las sienes. Focaliza en la idea de que eso te permite reducir el estrés y centrarte.

3. Coloca tus manos en las orejas. De esa manera enviarás energía al resto de tu cuerpo a través de los puntos de acupuntura.

4. Coloca tus manos en el occipucio y el bulbo raquídeo. Eso hará que tus pensamientos se aclaren y armonicen.

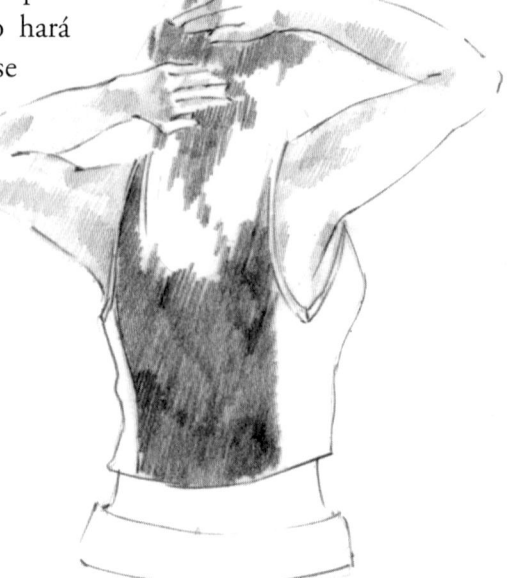

5. Coloca tus manos en la zona del chakra coronilla. Concéntrate en la idea de que con ello te diriges al lugar más elevado de armonía y equilibrio.

6. Coloca tus manos en la glándula tiroides. Eso hará que se regulen los procesos metabólicos.

7. Coloca una de tus manos en el chakra laringeo y otra en la nuca. Concéntrate en la idea de optimizar tu comunicación y tu expresión personal.

8. Coloca ambas manos sobre la zona del chakra corazón. Percibe cómo se incrementa el amor, el desapego y la paz interior.

9. Coloca la mano derecha sobre el hombro izquierdo y la izquierda en el chakra solar. Siente cómo se incrementa tu nivel energético.

10. Invierte la posición de las manos; coloca la izquierda sobre el hombro derecho y la derecha en el chakra solar. Continúa sintiendo cómo se incrementa tu energía.

11. Coloca ambas manos en tu pecho. Percibe cómo te liberas de sentimientos negativos.

12. Coloca la mano izquierda sobre la zona del chakra solar y la derecha en la del chakra corazón. Concéntrate en la idea de vincularte de manera profunda con tu identidad.

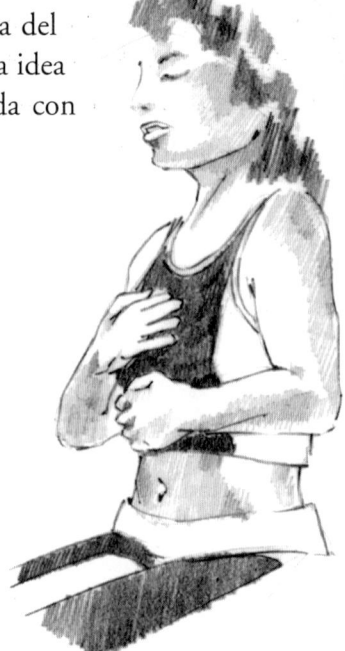

13. Coloca la mano derecha en el área del hígado y la izquierda sobre la zona del bazo. Eso reforzará tu sistema inmunológico.

14. Coloca la mano derecha sobre el chakra solar y la izquierda sobre la zona de los intestinos. Eso aliviará los trastornos digestivos.

15. Coloca ambas manos en la zona del bajo vientre. Fortalecerá el sistema reproductor y, en el caso de las mujeres, aliviará problemas menstruales.

16. Coloca las manos en la parte interior de los muslos. Ayuda notablemente a la circulación sanguínea.

17. Coloca ambas manos en las caderas. Por allí pasa el meridiano de la vesícula.

18. Para finalizar toma –primero uno y después otro– ambos pies entre tus manos y percibe cómo te paras frente al mundo.

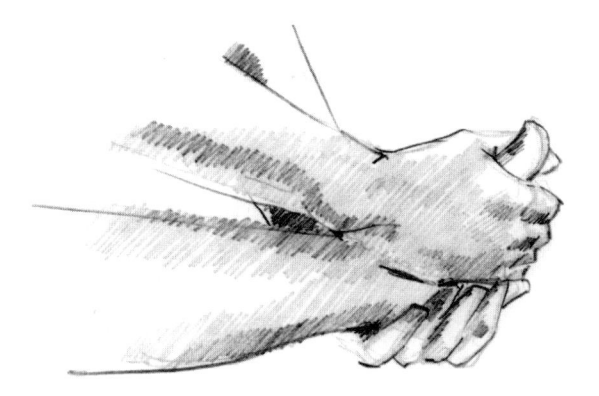

CAPÍTULO 12

Tratamiento básico

En el seminario de nivel I, se enseña y practica el tratamiento básico para todo el cuerpo. Se realiza en pareja y, en él, el reikista da Energía Vital Universal a otra persona, el paciente.

¿Cómo se lleva a cabo eso, cómo hay que prepararse, hay que hacerlo en algún sitio o entorno especial? Ésas y otras preguntas se responden en el presente capítulo.

La importancia de los cuatro tratamientos consecutivos

Sobre todo para alguien que recibe Reiki por primera vez, es importante tratarlos cuatro veces en igual número de días consecutivos. Luego, se puede continuar el tratamiento una o dos veces por semana.

Cómo debe prepararse el terapeuta

Tal como lo adelantamos y explicamos en capítulos precedentes, una vez que la persona ha quedado abierta como canal para Reiki a través de las iniciaciones, Reiki fluye de manera permanente y, por lo tanto, no son necesarios grandes preparativos para realizar un tratamiento. Sin embargo, es recomendable realizar las sesiones de Reiki teniendo en cuenta las siguientes consideraciones:

- Lavarse las manos antes de iniciarlo, por una cuestión básica de higiene y también de limpieza y depuración energética.
- No dar Reiki en caso de que en ese momento se esté atravesando por una enfermedad contagiosa, por menos grave que ésta sea (por ejemplo, un simple resfrío). Si bien el Reiki disminuye el peligro de contagio, lo cierto es que no puede garantizar en un cien por cien que no se produzca.
- Estar tranquilo y relajado durante la sesión: el Reiki fluye con mayor fuerza y eficacia si el terapeuta no está tenso ni preocupado.
- No llevar a cabo la sesión si quien va a darlo percibe en sí mismo algún signo fuerte de sentimientos con carga negativa.

Se hace necesario, en este punto, hacer una aclaración, especialmente en relación a los tres últimos puntos que acabamos de mencionar: ningún terapeuta Reiki se enfrenta a su tarea sanadora con su salud en perfectas condiciones, completamente relajado y siendo feliz de una manera plena, sin fisuras. Si eso fuera imprescindible, casi nadie estaría en condiciones de hacerlo. Pero sí es recomendable que las sesiones de Reiki sean, tanto para el paciente como para el reikista, lo más placenteras posibles.

Asimismo, se recomienda veinte minutos antes de comenzar el tratamiento, realizar todas o algunas de las siguientes actividades:

- Tomar una ducha y ponerse ropa cómoda y holgada.
- Realizar ejercicios de meditación.
- Hacer ejercicios de relajación.
- Practicar yoga.
- Realizar ejercicios respiratorios.
- Repasar mentalmente el tratamiento a realizar.

Cómo debe prepararse el paciente

Una preparación mínima por parte del paciente hará que el tratamiento resulte más efectivo. Dos puntos son esenciales: informarle que lleve ropa cómoda y que, en la medida de lo posible, no coma nada en las dos horas previas a la sesión.

Optimizando el entorno

El estado del entorno influye sobre el tratamiento. Por lo tanto, un ambiente armónico incidirá positivamente en la sesión, de la misma manera que lo haría de forma negativa un ambiente desarmonizado. Algunos puntos fundamentales a tener en cuenta son los siguientes:

- Ventilar la habitación durante unos minutos, como mínimo, antes de comenzar el tratamiento.

- La temperatura ambiental debe ser lo suficientemente cálida como para que el paciente no sienta frío, especialmente cuando el tratamiento avance y permanezca acostado e inmóvil. Resulta conveniente, una vez pasados los 15 o 20 minutos iniciales, cubrir sus pies y piernas con una manta liviana.

- Tomar todas las precauciones necesarias para que la sesión no sufra ningún tipo de interrupción: desconectar el teléfono o bajar el volumen, desconectar el timbre y hacer otro tanto con todo aquel elemento que pueda molestar desde el punto de vista auditivo. Si hay otras personas en la casa, avisarles que no deben perturbar la sesión y/o colocar un cartel en la puerta de la habitación donde se va a realizar el tratamiento, que diga: "No molestar: sesión de Reiki".

- Generar una atmósfera agradable en la habitación mediante una luz tenue, una música suave (se venden discos compactos especialmente preparados para ambientar sesiones de Reiki que se componen de una música muy suave y sonidos naturales) y algún aceite aromático.

- Lo ideal es contar con una mesa para masajes. Si esto no es posible, se la puede reemplazar por dos tablas y dos caballetes, o alguna mesa extensible donde se pueda realizar el tratamiento, cubriéndola primero con una colchoneta y alguna manta suave.
- Colocar una almohada pequeña en la zona de la cabeza, para que la persona que vaya a recibir Reiki lo haga de manera más cómoda.

A modo de preámbulo: armonizar el campo áurico

Si bien no resulta imprescindible y no todos los reikistas la efectúan, la maniobra de armonización del aura puede ser de suma ayuda para que el tratamiento básico resulte más efectivo. La razón de ello es que esa "limpieza" áurica desplaza las experiencias del día fuera de la zona energética y expulsa las sensaciones de prisa y dispersión que traen los pacientes a la sesión de Reiki como consecuencia de la lucha cotidiana y que todavía se encuentran adheridas a las capas superficiales del aura.

Para ello, se debe proceder de la siguiente manera:

- Una vez que el paciente se encuentra acostado boca arriba, el terapeuta coloca su mano izquierda sobre el chakra del ombligo.
- Sin retirar su mano izquierda de esa zona, pasa lentamente su mano derecha a lo largo del borde del aura del paciente, aproximadamente a 30 cm de distancia de su cuerpo, como si estuviera alisándola.
- Comienza por su chakra coronilla, esto es, por encima de la zona superior de su cabeza y recorre el cuerpo de manera des-

cendente hasta llegar a los pies para, luego, retornar hacia la zona de la cabeza.

- Se repite esa operación tres veces seguidas.

Reiki y meditación

Mientras se está dando un tratamiento Reiki, si se desea ser un canal verdaderamente óptimo para el pasaje de la Energía Vital Universal, conviene practicar la meditación vipassana. Esta técnica presenta distintas variantes, pero todas ellas buscan acallar la mente y aquietar las emociones, reduciendo de esta manera el poder del Ego para poner en contacto al individuo con su Yo Superior y, en definitiva, con la unidad del Universo.

Dos son las variantes más apropiadas de este tipo de práctica meditativa para una sesión de Reiki:

- La atención pasiva al curso de la propia respiración, siguiendo mentalmente la inhalación y la exhalación en los movimientos del vientre.
- La atención pasiva al curso de la propia respiración, siguiendo mentalmente la inhalación y la exhalación en el roce del aire al comienzo de las fosas nasales.

Para realizar de manera correcta ambas opciones, será mejor estar habituado a la respiración abdominal (utilizando el diafragma). Por otra parte, si mientras se medita se presentan sensaciones, pensamientos o emociones, no se debe luchar contra ellos; lo mejor es observarlos y dejarlos pasar.

Si se carece de la práctica suficiente o se encuentran dificultades para llevar a cabo la meditación vipassana, se puede recurrir a otras alternativas:

- Repetición constante de un mantra (sonido sagrado): en caso de disponer de un mantra personal, se utilizará concretamente ése. Si no fuera así, se puede recurrir al mantra tibetano

"Om Mani Padme Hum", al hinduista "So Ham" o al occidental "Yo Soy".

- Atención pasiva a sonidos ambientales: consiste en seguir con atención pasiva una música tranquila o los ruidos del ambiente, siempre que éstos no lleguen a provocar distracciones por su intensidad o por otras circunstancias añadidas.

El tratamiento básico paso a paso

A continuación se detallan las 34 posiciones que constituyen el tratamiento básico. Se debe permanecer en cada una de ellas el tiempo suficiente como para que quien da Reiki sienta en sus manos el incremento y luego la disminución de una ola de calor. Sin embargo, es necesario precisar que un tratamiento de este tipo no es conveniente que se extienda por más de 90 minutos.

El paciente está acostado boca arriba y el terapeuta se coloca detrás de su cabeza.

Posición 1. Ojos: el terapeuta coloca las manos con las palmas sobre la frente y alcanzando con los dedos las mejillas del paciente. Esta posición abarcará ojos, frente y senos nasales y le permitirá comenzar a dirigir la energía hacia dentro.

Posición 2. Sienes: las manos se colocan a los costados de la cabeza, con los dedos sobre las sienes y las palmas sobre la cubierta del cráneo. Los dedos apuntan hacia la barbilla. Esta posición permite centrar la parte izquierda y la parte derecha del cerebro.

Posición 3. Orejas: a partir de la posición anterior, las manos se deslizan un poco hacia abajo y hacia atrás, de modo tal que las palmas cubran las orejas. Esto permite energizar los puntos de la acupuntura que, de manera reflexológica, actúan sobre los distintos órganos del cuerpo.

Posición 4. Rotar la cabeza suavemente hacia la izquierda y poner debajo la mano derecha; girar la cabeza suavemente hacia la derecha y poner debajo la mano izquierda. Con ello, la cabeza reposa en las manos del terapeuta, lo que tranquiliza al paciente y le transmite seguridad.

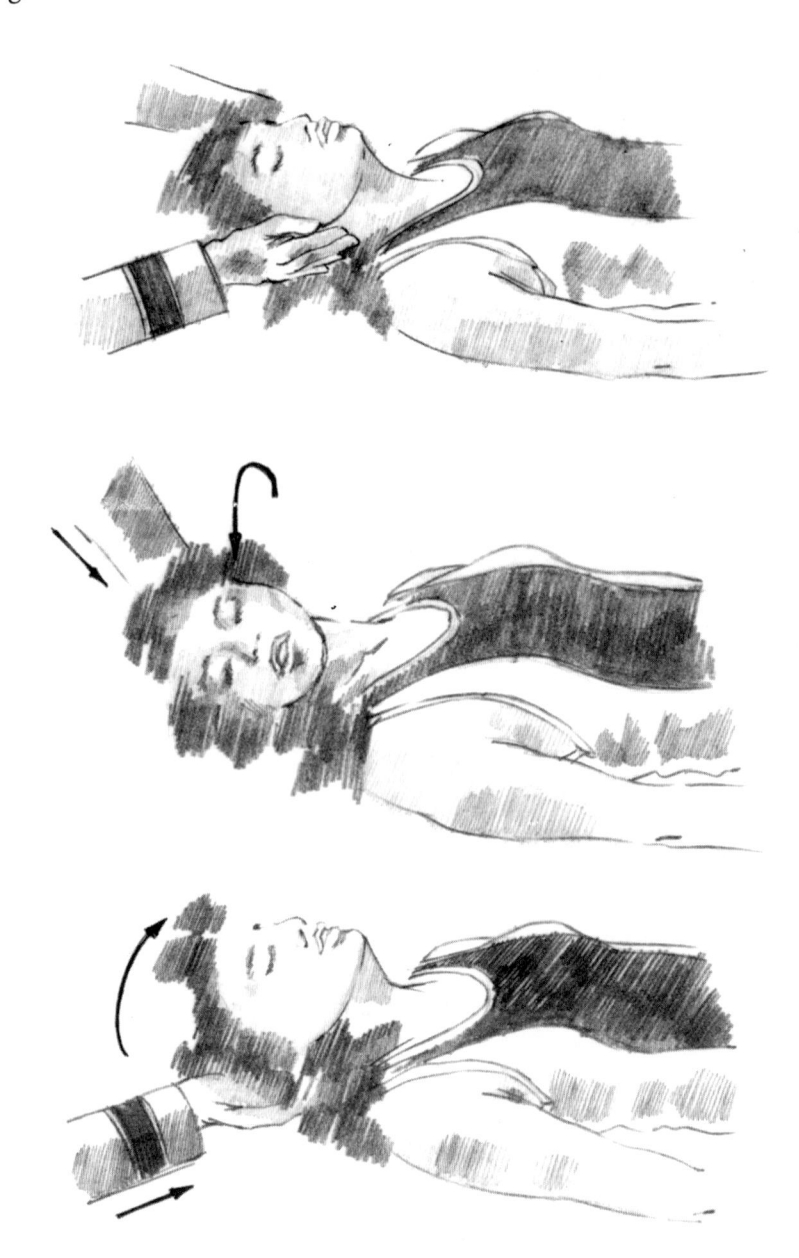

Posición 5. Chakra coronilla: el terapeuta coloca las palmas de las manos sobre la frente y, de esa manera, actúa armonizando la energía de vibración más alta.

Posición 6. Glándula tiroides: las manos se colocan sobre el cuello, y esa energía transmitida permite regular los procesos metabólicos.

Posición 7. Hombros: el terapeuta coloca las palmas de ambas manos sobre los hombros del paciente. Ayuda a mitigar preocupaciones y enojos.

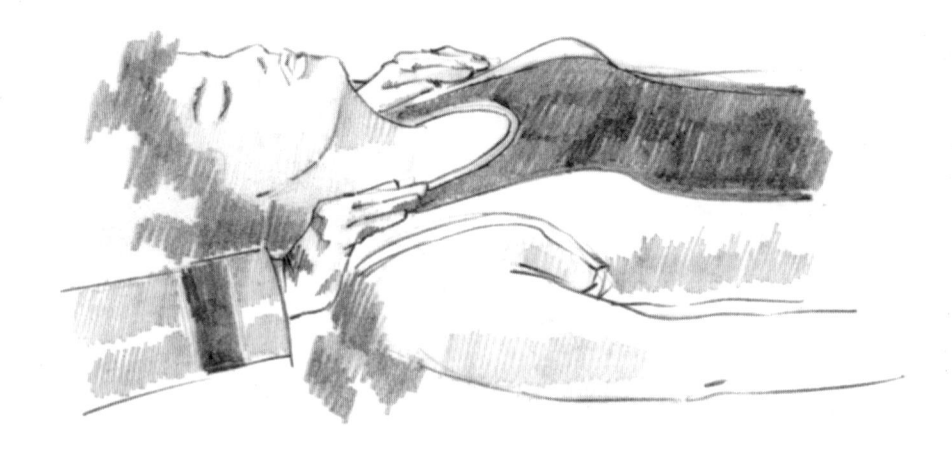

Posición 8 Clavícula: las manos se colocan de palmas a la zona de la clavícula, con los dedos mirando hacia abajo. Esta posición tiene el poder de suavizar los miedos.

Posición 9. Vasos linfáticos: el terapeuta coloca las palmas a los costados de los pectorales, cerca de las axilas. Ayuda a canalizar de mejor manera la energía recibida.

El terapeuta cambia de posición pasando al lado izquierdo del paciente

Posición 10. Glándula timo y chakra corazón: las manos se colocan sobre la zona superior del pecho. Tiene el poder de quitar el miedo y las preocupaciones.

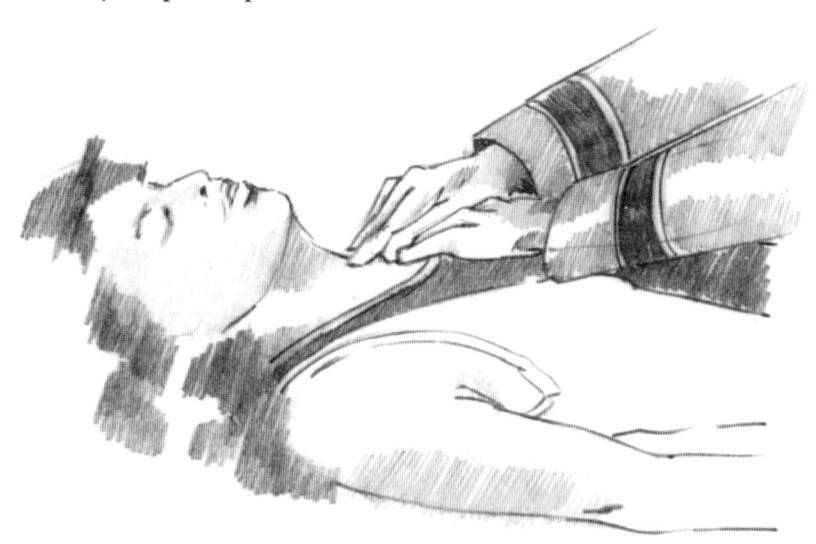

Posición 11. Pechos: el terapeuta coloca las manos sobre los pechos. Esta posición estimula los sentimientos positivos: amor, compasión, generosidad, etcétera.

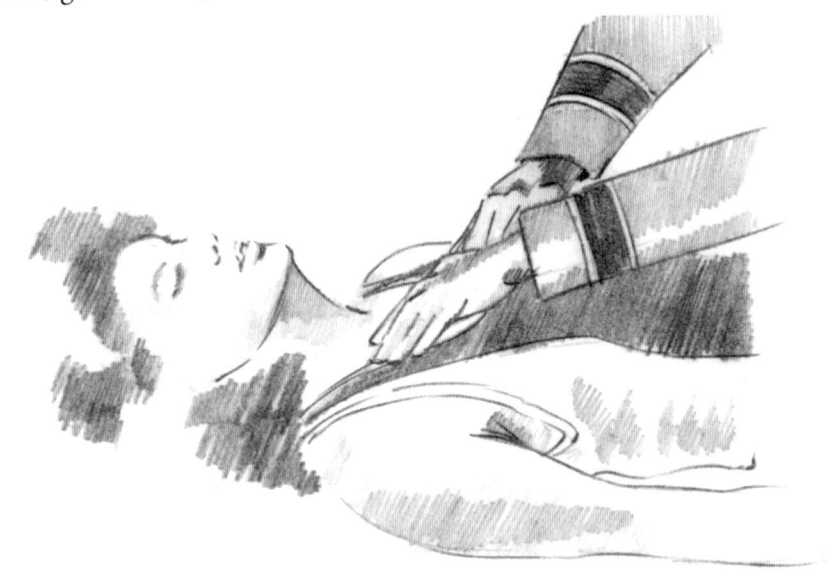

Posición 12. Hígado, vesícula biliar y bazo: la mano derecha se coloca sobre el hígado, o sea, en el lado derecho del cuerpo. La izquierda sobre el bazo, o sea, a la izquierda del vientre. Esta posición mitiga los sentimientos de ira.

Posición 13. Estómago e intestino: se coloca la mano derecha sobre la boca del estómago y la izquierda en el bajo vientre. Esta acción ayuda notablemente en casos de depresión.

Posición 14. Hígado: ahora, contrariamente a la posición 12, ambas manos se colocan sobre el hígado. Permite resolver enojos reprimidos, manejar los celos y mitigar el resentimiento.

Posición 15. Bazo y páncreas: se colocan ambas manos en la zona ventral derecha. Refuerza el sistema inmunológico.

Posición 16. Intestino y vejiga: las manos se ponen sobre la zona central del bajo vientre. Favorece la desintoxicación del organismo.

Posición 17. Circulación sanguínea: se colocan las manos en las ingles con el objetivo de regular la circulación sanguínea.

Posición 18. Caderas: se ponen ambas manos en las caderas del paciente para ayudar a superar enojos.

Posición 19. Rodillas: el terapeuta coloca su mano derecha sobre la rodilla izquierda del paciente y la mano izquierda sobre la rodilla derecha. Esta posición elimina la rigidez intelectual (en el caso de la rodilla izquierda) y hace otro tanto con la emocional (a través de la rodilla derecha).

El terapeuta cambia de posición colocándose a los pies del paciente.

Posición 20. Talones: el terapeuta ahueca sus manos primero en uno de los talones, y luego en el otro. Esta transmisión de energía incentiva la capacidad de obrar.

Posición 21. Parte media del pie: se coloca una de las palmas ahuecadas sobre la planta y la otra sobre el dorso, primero de un pie y luego del otro. Esa parte del cuerpo se corresponde con el tronco, con el acto de sentir y estimularla permite tener sensaciones más profundas.

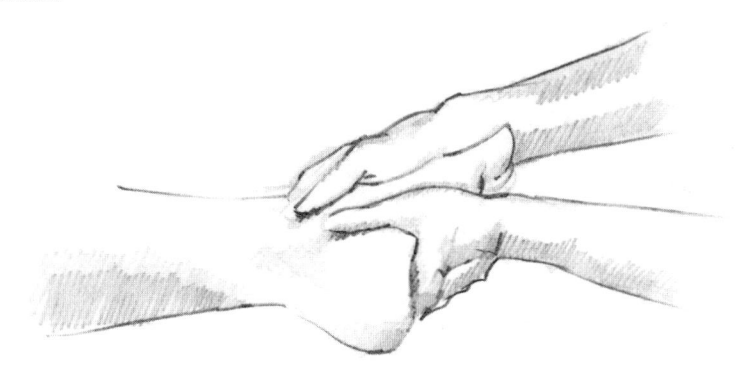

Posición 22. Dedos de los pies: simultáneamente, se toman los dedos de ambos pies (uno con cada mano). Esa parte del cuerpo se corresponde con la mente y el acto de pensar y enviar energía allí incrementa las capacidades intelectuales.

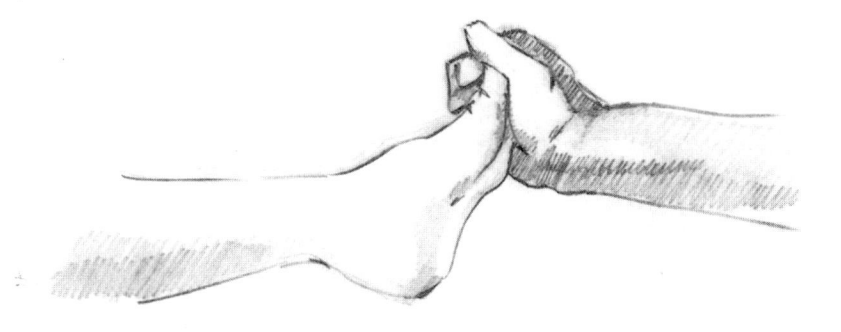

Paciente y terapeuta cambian de posición. El primero se coloca boca abajo y el segundo se coloca a la izquierda.

Posición 23. Chakra coronilla y bulbo raquídeo: el terapeuta coloca su mano izquierda sobre la cabeza del paciente y la derecha en la nuca. Esta posición estimula el equilibrio mental.

Posición 24. Nuca: el terapeuta coloca la mano izquierda en la nuca y la derecha por debajo de ésta, ambas mirando hacia el mismo lado. Ayuda a moderar y a vencer los miedos.

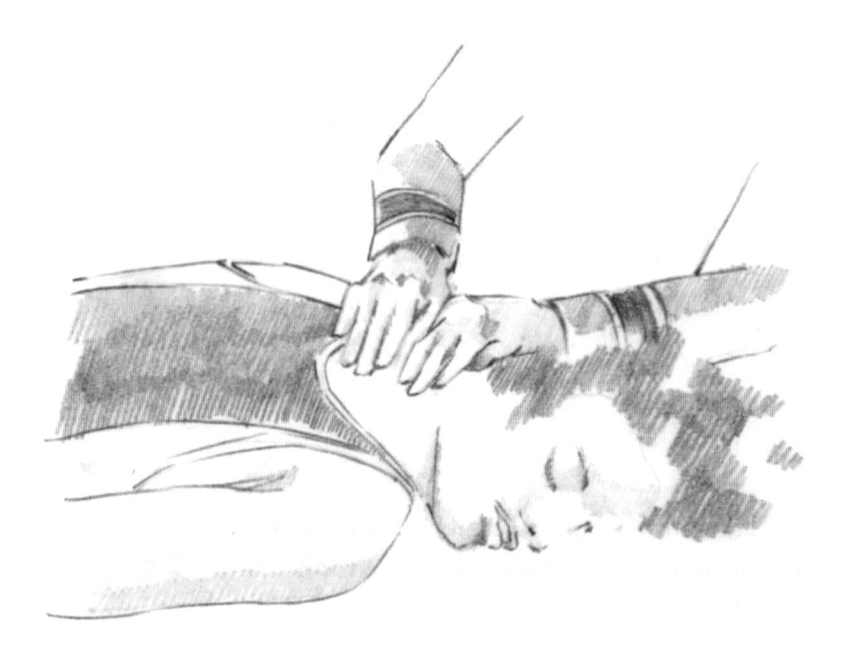

Posición 25. Hombros: se coloca la mano derecha sobre el hombro derecho y la izquierda sobre el izquierdo. Constituye una posición muy relajante en casos de enojo y furia.

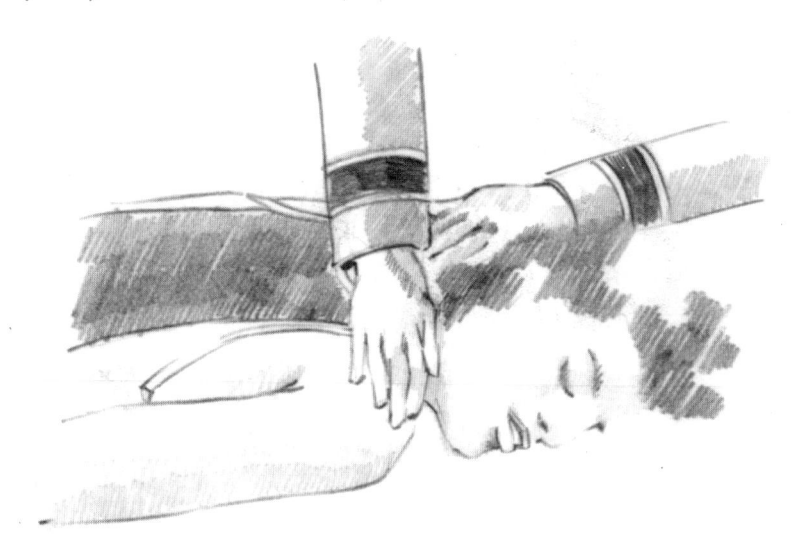

Posición 26. Omóplatos: a partir de la posición anterior, las manos se deslizan levemente hacia abajo, de manera tal de quedar sobre los omóplatos, a fin de que la energía transmitida mitigue los sentimientos de tristeza y melancolía.

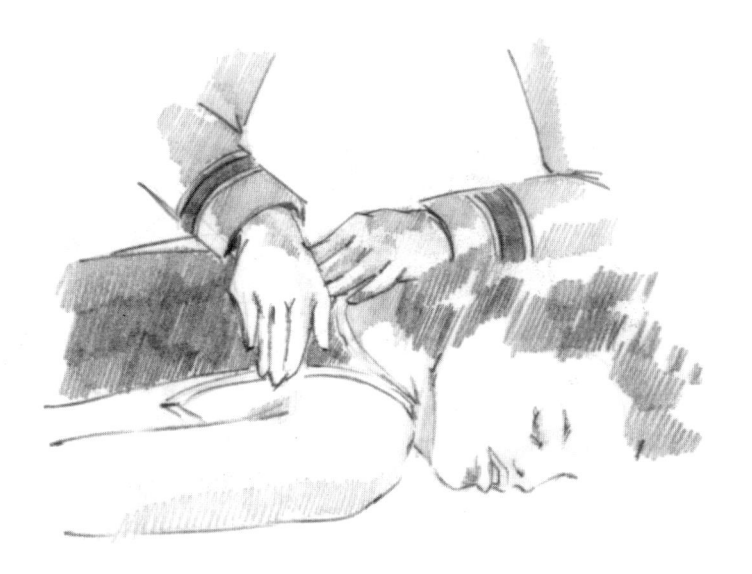

Posición 27. Pulmones: se colocan ambas palmas mirando hacia el mismo lado sobre la zona media-alta de la espalda. Activa la actitud compasiva y renueva la confianza en los procesos vitales.

Posición 28. Riñones: a partir de la postura anterior, las manos se deslizan levemente hacia abajo, de manera tal de quedar en la zona media-baja de la espalda. Permite combatir el miedo y las fobias.

Posición 29. Hueso sacro: se colocan ambas manos en la zona baja de la espalda, la izquierda por sobre la derecha. Esta postura fomenta la capacidad de disfrutar de la vida e incrementa las ganas de vivir de una manera más plena.

Posición 30. Chakra raíz: el terapeuta coloca su mano derecha sobre el coxis y la izquierda por encima de éste. De esa manera, al accionar energéticamente sobre el primer chakra, permite al paciente una mejor vinculación con la tierra, con la denominada "energía telúrica".

Posición 31. Caderas: se coloca la mano derecha sobre la cadera derecha del paciente y la mano izquierda sobre la cadera del mismo lado, lo cual permite energizar el meridiano de la vesícula y, por ende, hacer otro tanto con las funciones de ese órgano.

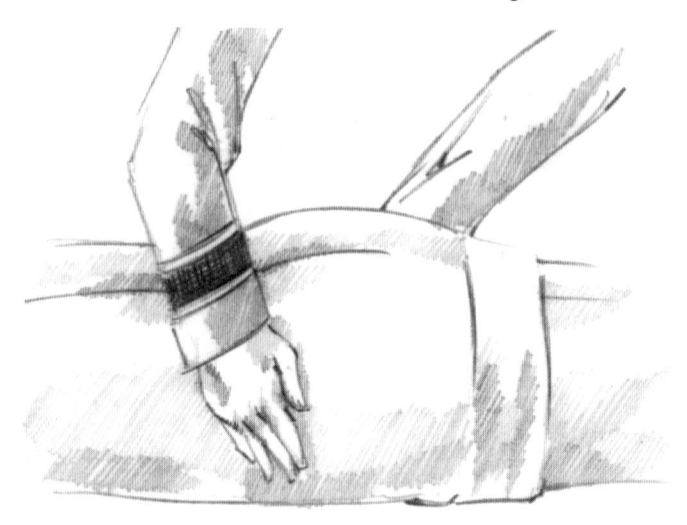

Posición 32. Nalgas: el terapeuta pone su mano derecha sobre la nalga derecha del paciente y la mano izquierda sobre la nalga del mismo lado. Esta posición alivia de manera notable los dolores de ciática.

Posición 32. Parte posterior de las rodillas: se colocan las palmas de las manos sobre la cara posterior de las rodillas. Facilita la movilidad.

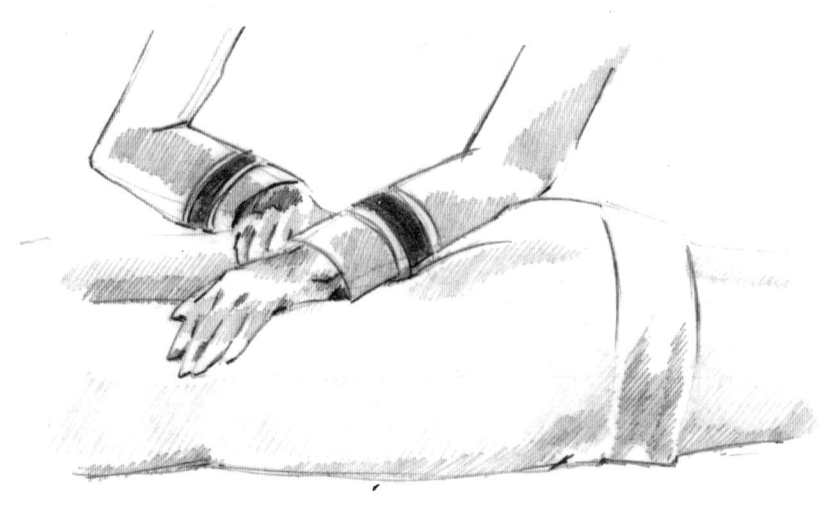

Posición 33. Tendón de Aquiles: el terapeuta pone su mano izquierda sobre el tendón derecho y la derecha sobre el tendón izquierdo. Incentiva la capacidad de obrar y la fuerza de voluntad.

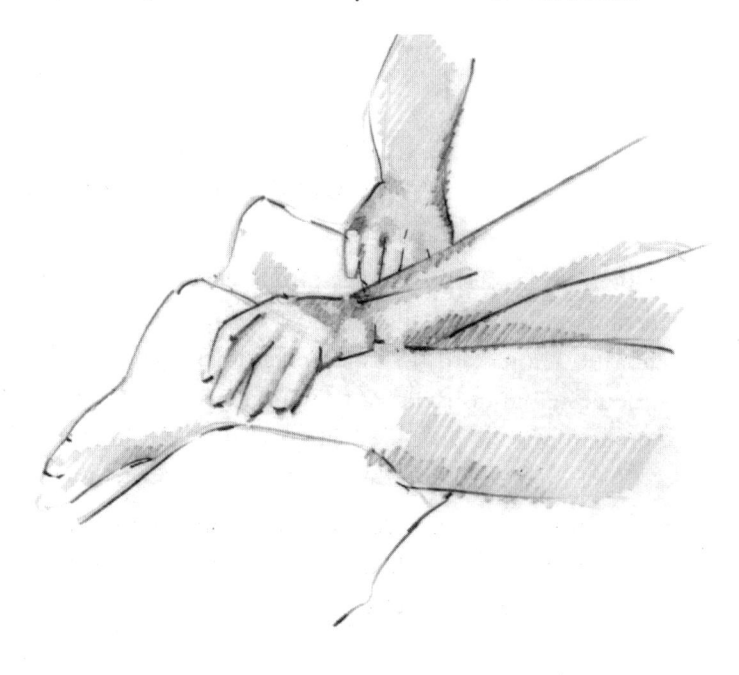

El terapeuta cambia de posición colocándose a los pies del paciente.

Posición 34. Talones: el terapeuta coloca ambas manos ahuecadas en los talones del paciente, concentrándose en la idea de que ése es el momento final del tratamiento.

Para terminar, pasar, ligeramente, varias veces las manos por todo el cuerpo.

Indicaciones para un tratamiento más efectivo

- Si bien en las 34 posiciones que se acaban de detallar, se explica con lujo de detalles las posturas que deberán tomarse en cada posición, esto no es algo rígido de ninguna manera. Si quien está dando Reiki nota alguna tensión en su cuerpo, deberá cambiar de postura hacia otra que le resulte cómoda. Si así no lo hace, el flujo de energía se verá obstruido.

- Al cambiar las manos de posición deberá mantenerse siempre el contacto con una de ellas, de manera tal que no se vea interrumpido el flujo del Reiki.

- Una vez terminado el tratamiento, el terapeuta deberá lavar sus manos con abundante agua fría para "descargarlas" de toda energía sobrante.

- El paciente permanecerá en la camilla unos minutos, hasta que abra sus ojos y se incorpore en calma.

Reiki, karma y dinero

La Energía Vital Universal es amor incondicional y, por lo tanto, no puede generar karma negativo ni ningún tipo de dependencia. Además, tal como ya lo explicamos repetidas veces, la Energía Vital Universal es un regalo del Cosmos, un don y, por tanto, no puede comprarse ni venderse; únicamente, se recibe con agradecimiento. Por lo tanto, es de primordial importancia que se tenga en claro que cuando se realizan terapias o cursos no se "compra" ni se "vende" Reiki.

Ahora bien, para que la Energía Vital Universal (que es una vibración del orden de lo superior) pueda ser aplicada a un receptor, es imprescindible hacerlo en determinadas condiciones espacio-temporales que se inscriben, indiscutiblemente, en un orden de vibración inferior. Esto quiere decir: para que alguien reciba un tratamiento o un curso de Reiki, esto no puede llevarse a cabo en un plano "abstracto" y superior: deben emplearse un tiempo, un lugar e incluso una dedicación determinada.

Tal como lo señalamos más arriba, la Energía Vital Universal (que, insistimos, es del orden de lo superior) no genera karma negativo alguno. Pero no sucede lo mismo con los los condicionantes espacio-temporales antes indicados (tiempo, lugar, etc.), que son del orden de lo inferior y, como consecuencia de ello, están sujetos, de manera inexorable a la Ley de Causa-Efecto (karma). Entre otras consecuencias, eso determina que pueda generar dependencia. Para evitarlo, existe un "antídoto" que puede transmutar esa ley, del que hablaremos más adelante.

Como es de sentido común, los terapeutas de Reiki tienen derecho a solicitar una contraprestación por transmitir Energía Vital Universal, ya que si bien (tal como se lo aclaró) el Reiki no se compra ni se vende, una sesión supone otro tipo de gastos entre los cuales puede estar el alquiler de un sitio adecuado, los aceites aromáticos empleados, etc. Por ello, cuando alguien pone precio a un tratamiento o a un curso, no está "vendiendo" Reiki sino que está cobrando por el tiempo, el espacio y la dedicación empleados. En suma, por el desgaste energético que supone una sesión o curso de Reiki y que no tienen relación alguna con la Energía Vital Universal sino con los condicionamientos propios de nuestra existencia terrenal.

¿Cuáles son las opciones al respecto? Veamos:
— Por un lado, habrá reikistas que, pudiendo permitírselo –cualquiera sea el motivo de ello– y deseando hacerlo, decidan realizar gratuitamente sus actividades de Reiki. Siempre que lo hagan desde el amor incondicional y no por motivos interesados, esta actitud no resulta incorrecta.
— En el "otro extremo" podríamos considerar a aquellos individuos para quienes el Reiki sea su dedicación prioritaria. En estos casos, como se podrá entender, será imprescindible que ponga precio a sus servicios para poder vivir con dignidad.
— En una suerte de grado intermedio, están aquellos otros que preferirán el intercambio, una suerte de trueque, aportando un tratamiento o un curso y recibiendo algo a cambio (a veces, otro tratamiento o una ayuda concreta).

Todas las propuestas que mantengan una actitud general de coherencia y honestidad y que se realicen desde el amor incondicional son válidas desde el punto de vista ético.

Ahora la pregunta es, entonces: ¿Se adquiere karma con las terapias realizadas sin ninguna contraprestación a cambio?

Tal como señalamos anteriormente, la Energía Vital Universal no genera karma negativo alguno, mientras que sí lo hacen los condicionamientos espacio-temporales. Pero, tal como también lo adelantamos, existe un "antídoto" que transmuta y supera la Ley de Causa-Efecto, así como un conjunto de recursos que pueden compensar sus efectos.

El "antídoto" de la Ley de Causa-Efecto (karma) es el poder del amor, que ha de ser constante, desinteresado, desapegado, incondicional y pleno de humildad.

Esto significa que quien es capaz de llevar a cabo sus actividades relacionadas con el Reiki (tratamientos, cursos, consultas, etc.) provisto de ese amor incondicional, no estará generando karma negativo ni dependencia alguna. Pero... ¡atención! Si aún no se es verdaderamente capaz de vivir en esa actitud de amor desinteresado (de hecho, al individuo occidental medio le resulta algo muy extraño, muy ajeno y, por lo tanto, muy difícil de implementar) es preferible tener una actitud más humilde y cobrar o realizar algún tipo de intercambio o trueque.

CAPÍTULO 13

Armonización de chakras

A diferencia de los dos capítulos anteriores, en los cuales las posiciones para transferir Energía Vital Universal referían tanto a los chakras como a los diferentes órganos y áreas del cuerpo humano, en el presente se explican secuencias de autotratamiento y de tratamiento en pareja exclusivamente para armonizar, desbloquear y potencializar los chakras.

Para ello, presentamos:

- En principio, una serie de ejercicios de autotratamiento para armonizar y recargar los chakras.
- Una secuencia completa de autocuración sobre los chakras.
- Un tratamiento corto en pareja, también tendiente a desbloquear y potenciar los vórtices energéticos.

Ejercicio de autotratamiento para armonizar y recargar el chakra corazón

- Comienza colocando las manos (la izquierda encima de la derecha) en la zona baja de tu abdomen u ombligo o, más precisamente, sobre el chakra sacro.

- Inspira y espira profundamente tres veces. De hecho, este chakra transmite energía en cantidad y recarga especialmente a las manos.

- A continuación coloca tu mano derecha sobre la izquierda, encima de tu pecho, justo en el punto donde se sitúa chakra del corazón. Tal vez, en un principio, no puedas percibir todavía con claridad adónde se encuentra exactamente este chakra pero, igualmente, coloca tus manos en medio del pecho y comprueba si puedes percibir el flujo de energía, ya sea calor, hormigueo o agradable tensión.

- Procura no concentrarte de manera excesiva en lo que haces y confía en mayor medida en tu intuición. Si tienes la sensación de que es conveniente variar ligeramente la posición de tus manos, ello significa que ya estás notando intuitivamente el flujo de energía.

- Mantén las manos sobre este chakra y respira varias veces de manera profunda.

- Para finalizar, recarga de nuevo las manos, colocándolas una vez más sobre el abdomen y respirando hondo, tal como se describe al principio de este ejercicio

Ejercicio de autotratamiento para recargar el chakra garganta

- Coloca tus manos alrededor del cuello, con los dedos apuntando hacia la columna vertebral y la base de las palmas tocándote levemente la zona de la nuez.

- Trata una vez más de percibir el flujo de energía. Éste puede manifestarse en forma de hormigueo, calor o (debido al área de influencia de este vórtice energético) en una fuerte necesidad de comunicación o de realizar algo creativo.

- Una vez en la zona correcta, respira varias veces llenando de oxígeno tus pulmones y enviando el aire hacia la zona del estómago.

- Para finalizar, recarga tus manos colocándolas sobre el chakra sacro.

Ejercicio de autotratamiento: recargar el chakra del tercer ojo

- Forma un cuenco con tus dos manos, como si quisieras llenarlas con agua.
- Elévalas hasta colocarlas a una pequeña distancia (de uno a tres centímetros) de la frente.
- Procura concentrarte exactamente en el punto donde se localiza el chakra del tercer ojo. Nuevamente, puede hacerse evidente en forma de calor, de hormigueo o a través de la "revelación" de algún conocimiento o intuición.
- Mantén las manos sobre ese núcleo energético mientras respiras profundamente varias veces.
- Termina recargando tus manos en el chakra sacro.

Ejercicio de autotratamiento para recargar el chakra de la coronilla

- Coloca las manos sobre tu cabeza, de tal manera que las puntas de los dedos apenas se toquen.
- Es posible que te cueste más percibir la energía en este chakra. Sucede que, tal como lo explicamos en el capítulo correspondiente, éste trata del núcleo energético más elevado y, por lo tanto, la energía que le corresponde es la de carácter más sutil y elevada, lo cual dificulta en cierta medida su percepción.
- Sabrás que estás en la zona correcta cuando sientas la sensación de calor u hormigueo o cuando tus ideas se tornen más claras y vivaces o puedas percibir de manera más nítida las relaciones entre tu cuerpo, tu mente y tu espíritu.
- Una vez allí, respira varias veces.
- Finaliza con la recarga de tus manos en el chakra sacro.

Ejercicio de autotratamiento para recargar las manos y disolver bloqueos

– Siéntate con la espalda lo más recta posible en el suelo o sobre una silla. Para que el ejercicio sea efectivo, es necesario que puedas mantenerte cómodo en esa postura sin hacer ningún esfuerzo.
– Deja los brazos colgando y relajados.
– Respira varias veces profundamente.
– Concéntrate en tus manos, principalmente, en los puntos centrales de las palmas.
– Percibe la energía allí existente, concéntrate en percibir cuán potente es, hacia dónde se mueve, qué sensaciones te produce eso, etcétera.
– Luego, inspira profundo y eleva muy lentamente tus manos hasta la altura del pecho. El movimiento debe coordinarse con la respiración, de modo tal que, cuando las manos alcancen el pecho, la inspiración termine.
– A medida que vas soltando el aire, baja gradualmente las manos.
– Repite varias veces la misma secuencia de movimiento (manos hacia el pecho, manos hacia abajo), pero dirigiendo la respiración hacia las manos.
– Una vez que tengas nuevamente los brazos colgando a los lados de tu cuerpo, sigue respirando normalmente y siente los efectos del ejercicio antes de repetirlo. ¿En qué se diferencian las sensaciones de tus manos antes y después de realizarlo?

Secuencia de autocuración sobre los chakras

La secuencia de autotratamiento que se presenta a continuación se realiza de acuerdo al siguiente procedimiento:

- Se colocan las manos a una distancia mínima sobre aquellos chakras que absorben con mayor facilidad la energía.
- Se fortalecen los chakras.
- A continuación, se armonizan los chakras entre sí.

Vayamos a la secuencia propiamente dicha:

- Junta tus manos y llévalas del centro del pecho hacia abajo.
- Coloca los dedos en paralelo, girando las manos y, con éstas, forma un cuenco y sitúalo un poco por debajo del ombligo, en la zona de su chakra sacro.

- Experimenta la Energía Vital Universal, la fuerza interior y la confianza en ti mismo que te da Reiki.
- Coloca la mano izquierda sobre la derecha y déjalas descender desde tu frente hasta la zona del chakra corazón, o sea, el centro del pecho.

- Percibe cómo fluye una corriente cálida de energía desde tus manos al centro de tu corazón; experimenta cómo se extiende y produce una sensación muy agradable y placentera.
- Coloca la mano izquierda sobre la derecha y ubícalas delante de tu frente, en la zona del chakra frontal.
- Siente cómo el flujo de energía de tus manos se concentra en un punto entre tus cejas: el denominado tercer ojo.
- Nota cómo tu percepción se vuelve más nítida, tu intuición se fortalece y tus pensamientos se tornan más claros.

Una vez fortalecidos estos tres chakras, se continua con el tratamiento poniendo en armonía los tres chakras ya fortalecidos. Las posiciones que se detallan a continuación deben mantenerse durante 2 o 3 minutos, con lo cual se necesitará de unos 30 minutos para realizar el tratamiento completo.

- Sacro/Frontal: La mano derecha se coloca encima del chakra sacro y la izquierda delante del chakra frontal.

- Frontal/Sacro: Las dos manos intercambian su ubicación frente a los chakras.

- Sacro/Corazón: La mano izquierda se coloca delante del chakra corazón y la derecha delante del chakra sacro.

- Corazón/Sacro: Las manos intercambian sus ubicaciones.
- Corazón/Frontal: La mano derecha se mantiene delante del corazón y la izquierda se coloca delante del centro de la frente.

- Frontal/Corazón: las manos intercambian sus ubicaciones.

Tratamiento corto en pareja sobre los chakras

El tratamiento de compensación de chakras realizado en pareja, esto es, no un autotratamiento sino una sesión llevada a cabo por un paciente y un terapeuta, es un tratamiento corto (de entre 15 y 20 minutos), por lo que resulta ideal para niños y personas mayores. En el primero de los casos, porque la gente menuda suele carecer de la paciencia necesaria para realizar un tratamiento más prolongado; en el caso de las personas mayores, la razón reside en que muchas veces les resulta dificultoso permanecer acostados e inmóviles el tiempo necesario para un tratamiento más largo.

Para realizar este tratamiento corto de compensación de chakras, se procede de la siguiente manera: el paciente se acuesta boca arriba y el terapeuta se coloca a su izquierda y éste permanece con sus manos en cada una de las posiciones el tiempo suficiente como para sentir el incremento y luego la disminución de una ola de calor. Sin embargo, repetimos, el tiempo promedio estimado no debe superar los 20 minutos y, como se trata de una secuencia de 4 posiciones, lo usual es permanecer en cada postura unos 5 minutos.

Posición 1. El terapeuta coloca su mano izquierda sobre el chakra raíz y la derecha sobre el chakra de la coronilla. Tal como se podrá apreciar, se trata de conectar energéticamente los dos extremos: el núcleo energético más bajo y más primitivo (el chakra raíz) con aquel otro que maneja y distribuye la energía más alta y sutil: el chakra coronilla. Por esa razón, esta posición, además de desbloquear y optimizar ambos chakras, genera una suerte de unión y entendimiento entre los distintos planos del ser humano, de manera tal que no exista conflicto entre los deseos y necesidades de los planos superiores e inferiores del individuo.

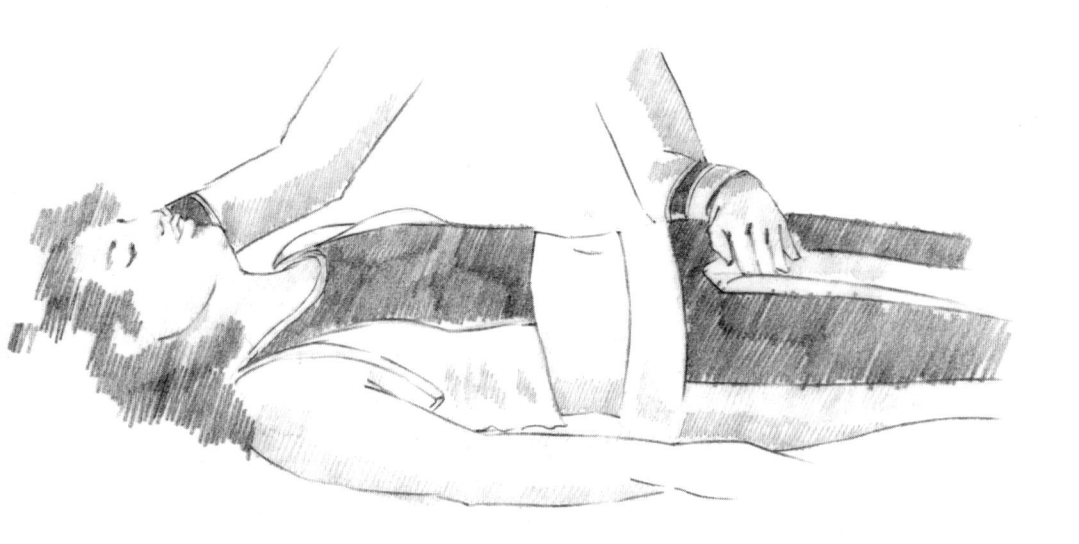

Posición 2. El terapeuta coloca su mano derecha sobre la frente del paciente (para accionar sobre el chakra del entrecejo o tercer ojo) al tiempo que corre su mano izquierda hacia el chakra sacro o del ombligo. Nuevamente, esta postura además de estimular las energías de ambos núcleos y, por ende, de los órganos de su área de irradiación, permite unir todo aquello vinculado al placer (regido por el chakra sacro), con el conocimiento y la intuición sobre los que opera el chakra del entrecejo. De esa manera, la persona no irá en pos de placeres que la puedan perjudicar, sino que podrá buscar y encontrar aquello que le proporcione goce sin dañarse a sí mismo.

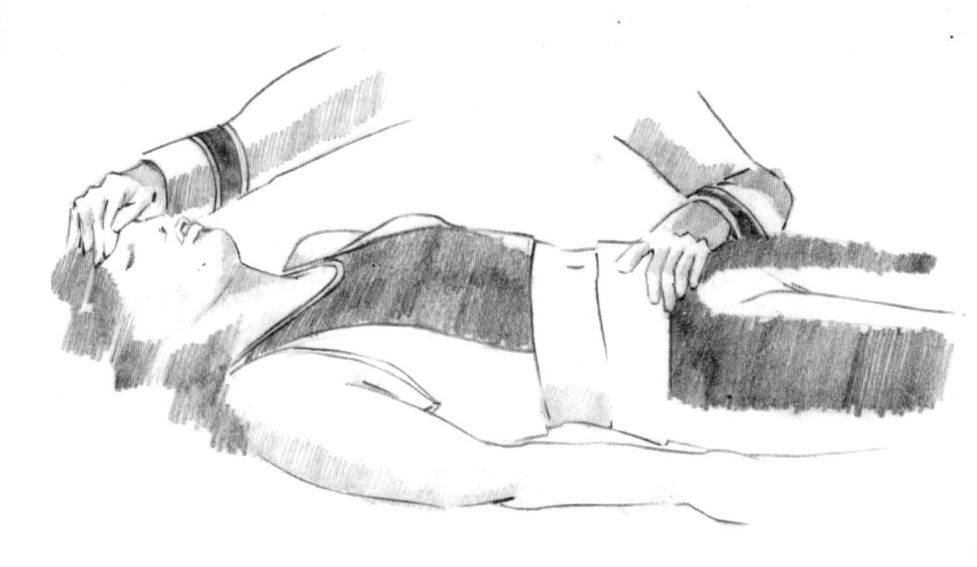

Posición 3. La mano derecha se desliza lentamente hacia el cuello (de modo tal de quedar sobre el chakra garganta) y la izquierda va hacia la zona del chakra solar, o sea, aproximadamente, a mitad de camino entre el ombligo y la boca del estómago. Además de armonizar y compensar ambos chakras, esta postura permite que el individuo desarrolle una actitud creativa y comunicativa (chakra garganta) en relación a todo lo vinculado con la voluntad y el poder (chakra solar). La consecuencia más evidente de eso es que la persona se torna sumamente creativa y puede transmitir el resultado de su creatividad en,

prácticamente, todos los ámbitos de su vida pero, especialmente, en lo vinculado al trabajo, ocupaciones y negocios.

Posición 4. Para finalizar, ambas manos se posan sobre el chakra corazón, o sea, en la zona del centro del pecho. De esa manera, se activa plenamente el amor, el desapego y la paz interior.

CAPÍTULO 14

Reiki a distancia

Tal como ya se explicó, después de la iniciación del segundo grado de Reiki, se pueden vencer las fronteras espaciales e, incluso, temporales con la activación de los tres símbolos aprendidos en el seminario de ese nivel y, muy especialmente, con *Hon Sha Ze Sho Nen*, el símbolo de la Distancia.

Al alcanzar el segundo nivel de Reiki, se pone a disposición del iniciado una sorprendente capacidad: la de acumular la fuerza del Reiki y poder darla atravesando las barreras espaciales y temporales. Concretamente: Reiki se puede mandar a cualquier momento en el pasado o en el futuro y a cualquier sitio en el mundo.

Se trata, sin lugar a dudas, de uno de los aspectos más difíciles de creer para los no iniciados en el mundo del Reiki: el hecho de que se puede mandar Reiki a distancia, traspasando tanto las barreras del tiempo como del espacio físico. Muchas personas, aun estando dispuestas a creer que la Energía Vital Universal se puede transmitir por una persona para sanar, suelen ser escépticas con el tema de la curación a distancia, cuando se les informa que el individuo sanado no tiene que estar presente ni tiene que ser en ese preciso momento. Sin embargo, cualquiera que haya experimentado una sesión de Reiki a distancia podrá confirmar que, efectivamente, funciona, y algunos estudios sobre los efectos del Reiki a distancia sobre grupos de enfermos afirman que las consecuencias son medibles y comprobables, aunque no se entiendan desde el punto de vista estrictamente científico los mecanismos que las hacen posibles.

El Reiki a distancia se basa en la hipótesis de que el tiempo y el espacio no existen, por lo cual, entre otras cosas, se puede cambiar el pasado, puesto que el pasado es algo ficticio.

Cómo operar a distancia espacial

¿De qué manera se concreta la práctica que nos ocupa? Básicamente, utilizando los símbolos del segundo grado: el Símbolo Mental- Emocional o de Armonía (*Sei He Ki*), El Símbolo de la Distancia o del Espacio-tiempo o Símbolo para la curación a distancia. (*Hon Sha Ze Sho Nen*) y El Símbolo del Poder o de la Activación (*Cho Ku Rei*), ya sea visualizándolos, dibujándolos mentalmente o repitiendo sus nombres a modo de mantra, entre otras maneras. De esa forma, la energía de Reiki no sólo fluye ahora de las manos, sino también, del chakra de la coronilla. Para dirigir la Energía Vital Universal hacia una persona que no se encuentra físicamente presente, el terapeuta Reiki simplemente debe concentrarse en ella y activar los símbolos.

En el caso de no conocer personalmente al paciente, puede utilizarse a modo de ayuda, alguno de los siguientes elementos:
- Su nombre completo.
- Una fotografía suya.
- El recuerdo de su voz, después de haber hablado por teléfono, por ejemplo.
- Un amigo o conocido en común, que operará a modo de testigo (vehículo o canal) para transferir nuestro tratamiento al receptor ausente físicamente. Huelga decir que la persona que hace de vehículo debe estar de acuerdo en recibir Reiki como vía hacia otro ser humano. Por supuesto que el Reiki es inteligente y viajará hasta el receptor distante con el regalo extra de beneficiar al intermediario.

¿Existe algún límite, en términos de distancia para operar con Reiki de esa manera? Rotundamente: no. El receptor puede hallarse a unos pocos metros del terapeuta o a miles de kilómetros. La fuerza y la inteligencia de Reiki llegarán al lugar preciso, donde es necesario que arribe.

Mandar Reiki a un momento del pasado

Tal como lo adelantamos, el Reiki a distancia no sólo opera en el plano del espacio. También es posible enviar Energía Vital Universal a un momento del pasado. Por ejemplo, el mismo terapeuta puede autoenviarse Reiki a un momento de su vida que le produjo algún bloqueo (ver capítulo correspondiente) para sanar ese instante particular de su existencia. Lo importante, lo verdaderamente fundamental es que no está mandando Energía al recuerdo en su mente ni al bloqueo psicológico creado en ese momento: se está enviando Reiki a a sí mismo durante ese período en que acontenció el hecho que le produjo el bloqueo.

Cuando se da una sesión de Reiki presencial (o sea, con la persona presente), se tratan las consecuencias o resultados del trauma directamente. Pero cuando se envía Reiki al momento en que ocurrió el evento que causó el bloqueo, se ejerce un doble efecto, porque no sólo se trata el resultado y las consecuencias, sino que se hace que el evento en sí que provocó el bloqueo sea menos traumático. Por ejemplo, si una persona experimenta actualmente un bloqueo como consecuencia de la separación de sus padres cuando tenía seis años, mandar Reiki a esa persona a los seis años hará que se sienta menos traumatizada por ese hecho. Como resultado de estar recibiendo energía sanadora, el bloqueo emocional resultante será, lógicamente, menor.

Enviar Reiki a un momento en el futuro

De la misma manera en que se puede enviar Reiki a alguien que está a kilómetros de distancia o hacerlo hacia el pasado, puede darse

Reiki hacia el futuro. Por ejemplo, si se prevé una situación conflictiva (una venta, por ejemplo) se puede enviar Reiki el día anterior de manera tal de recibirlo al día siguiente, durante el momento en que se efectúa la operación.

Parte IV
OTRAS CUESTIONES VINCULADAS AL REIKI

CAPÍTULO 15

Ámbitos operativos del Reiki

Reiki es una fuente de amor inagotable que siempre nos brinda mayor y mejor calidad en todas las áreas de nuestra vida. Por eso se puede incorporar a todos los ámbitos de la existencia, a fin de potenciar las habilidades naturales que todo ser vivo posee.

Reiki y embarazo

Un embarazo es un proceso prodigioso que demanda muchísima energía. Por lo tanto, es de gran ayuda reforzar la gestación con la transmisión de Energía Vital Universal. Mucho antes de que el hijo nazca, se puede hacer algo por él mediante el Reiki. La madre está en condiciones, al transmitirle Energía Vital Universal, de ponerlo a salvo de enfermedades y trastornos, y al mismo tiempo, de fomentar su desarrollo. Por supuesto, resulta una experiencia mucho más gratificante y hermosa si el padre y la madre lo realizan juntos.

Por otro lado, el Reiki también puede ser de gran ayuda para la madre. En general, la mayoría de los embarazos suponen una determinada cuota de molestias (vómitos, dolor de espaldas, hemorroides, edemas, etc.) y los tratamientos de Reiki pueden ayudar a aliviar esos malestares.

Sin embargo, tal como lo precisamos en el capítulo siguiente por una cuestión de prudencia es preferible no hacerlo durante el primer trimestre, cuando existen posibilidades de que se produzca un aborto espontáneo.

Reiki en el parto

Tanto para la madre como para el niño, el parto es un proceso sumamente agotador que lleva varias horas y demanda el máximo de energía de ambas partes. El Reiki puede ayudar a la parturienta a tener más fuerza y a administrarla de manera más sabia, así como puede suavizar la potente experiencia que constituye para el bebé, nacer. Asimismo, puede otorgarle fuerza positiva a la nueva vida que se inicia.

Como en la mayoría de los casos la madre no estará en condiciones de darse Energía Vital Universal a sí misma durante el parto, sería importante que el padre tuviera un grado de Reiki para poder apoyar y ayudar tanto a la madre como al niño a lo largo del proceso del nacimiento. ¿Cómo hacerlo? Durante el parto, el padre de pie al lado de la parturienta puede darle Reiki directamente sobre el chakra de la coronilla. Por supuesto, será necesario avisar a la partera o al médico a cargo de que va a hacerse eso, ya que de lo contrario es posible que quedaran desconcertados ante la imagen de un padre en la sala de partos con las manos en forma de cuenco sobre la cabeza su compañera.

Después del parto, el Reiki también puede ser un importante apoyo para la nueva madre, que verá su sueño interrumpido frecuentemente por los requerimientos del niño y que necesitará de un grado considerable de energía para amoldarse a la nueva situación.

EL Reiki, los bebés y los niños

Desde los primeros minutos de vida, un ser humano puede recibir Reiki y disfrutar de sus beneficios. De hecho, puede transmitírsele Energía Vital Universal en cuanto ha llegado al mundo, en la misma sala de partos. Pero eso no es todo: recibir Reiki durante los primeros años de infancia es sumamente positivo. Los años iniciales de la existencia son de especial importancia para el desarrollo psíquico del individuo. Es en esos trascendentales años que se determina el carácter y la postura que se adoptará frente a la vida. El Reiki ayuda a tener una actitud de confianza hacia el mundo, así como fomenta el desarrollo físico y espiritual del niño.

Además de esos señalamientos más del orden de lo general, existen otros beneficios más puntuales del Reiki en los niños.

Por ejemplo, muchos pequeños experimentan grandes dificultades para dormirse. Eso puede remediarse si la madre se sienta al lado de la cuna o de la cama de su hijo y coloca una de sus manos sobre el chakra solar y la otra sobre el chakra coronilla. En un máximo de 10 minutos, el niño estará profundamente dormido.

Cuando alguna enfermedad (gripe, anginas) hace que el pequeño se sienta molesto y, como consecuencia, evada el contacto, el Reiki a distancia puede ser una ayuda de primer orden, para ayudar a liberar al niño más rápidamente de sus incomodidades y dolores.

Reiki para animales domésticos

El Reiki no solamente es aplicable a los humanos. En tanto seres vivos que participan del Universo y se nutren de la Energía Vital Universal, los animales que conviven con el hombre, interaccionan con él de manera afectiva y, por lo tanto, están receptivos a sus caricias, pueden muy bien ser tratados con Reiki. Perros, gatos, caballos u otros animales, no sólo pueden ser beneficiarios del Reiki, sino que también les resulta placentero dejarse tratar de esa manera, ya que aceptan de buen grado la imposición de manos por una persona que les resulta familiar. El tratamiento a animales siempre resulta sumamente gratificante, tanto para éstos como para quien lo realiza, ya que como los animales perciben el aura y la energía de manera distinta a nosotros, mucho más nítida, una vez que se le ha dado Reiki a un animal, éste cambia la relación con la persona ya que "sabe" que es canal de energía y que eso lo ha beneficiado y puede seguir haciéndolo.

El Reiki suele ayudar mucho a las mascotas en caso de trastornos estomacales e intestinales, bronquitis, infecciones, tumores, heridas o en los postoperatorios. Sin embargo, es fundamental dejar algo en claro: **la terapia de Reiki no reemplaza a la consulta veterinaria ni al tratamiento recomendado por el facultativo.** Es una ayuda energética al tratamiento veterinario. Eso hace que se acelere el proceso de curación que es llevado cabo por indicación del profesional, pero no lo reemplaza de ninguna manera.

Reiki para plantas

Al igual que los animales, las plantas, en tanto seres vivos que participan de la Energía Vital Universal, también pueden beneficiarse con el Reiki. De hecho, las plantas que lo reciben crecen mejor, más fuertes y lozanas, con mayor vitalidad y resultan menos propensas a dejarse dañar por ciertos insectos.

Para tratarlas, se deben colocar las manos sujetando la maceta. El Reiki fluye a través de cualquier material (barro, plástico, cerámica) y va hacia las raíces. También al operar sobre las plantas, después de unos momentos, se nota el calor y el cosquilleo como signo de que el Reiki fluye y está haciendo su efecto.

Otra manera de dar Reiki a los vegetales es tratar las hojas y las flores desde una distancia de entre 5 y 10 centímetros.

Por último, resulta sumamente benéfico darle Reiki a las semillas antes de ponerlas en la tierra.

Reiki y vida sexual

El Reiki, en general, se aplica para normalizar distintos estados del cuerpo y la mente, como por ejemplo: estrés, cansancio crónico y dolores varios. Pero muy poco se sabe del Reiki aplicado al placer, muy poco se conoce de la maravillosa amalgama que consiste en unir lo espiritual del Reiki con lo espiritual del sexo.

El Reiki, como técnica o filosofía de vida, según se oriente, nos provee de elementos muy concretos y accesibles a la hora del placer sexual, sin necesidad de tener un entrenamiento especial ni de pasar por horas de meditación.

Cuando ambos miembros de la pareja son reikistas y han llegado al segundo nivel, pueden conectarse con la Energía Vital Universal a través de los símbolos del nivel II, aplicándolos en zonas puntuales del cuerpo y el aura, para lograr estados de éxtasis prolongados, que los conectarán con su propia naturaleza humana y divina, logrando una verdadera fusión de los amantes, perdiendo el concepto de espacio-tiempo y arribando a orgasmos múltiples, tanto la mujer como el hombre.

De manera similar a como sucede con las técnicas de sexo tántrico, a través del poder del Reiki la pareja puede estar unida por horas, compartiendo momentos inigualables, logrando nuevos horizontes de placer y estados de éxtasis nunca antes alcanzados.

Reiki en hospitales y clínicas

En centros médicos tradicionales de muchos lugares del mundo, el Reiki está comenzando a ser aceptado como una manera significativa de mejorar el cuidado y la calidad de vida de los pacientes y, por eso, cada vez más clínicas y hospitales ofrecen a quienes en ellos se atienden tratamientos de Reiki como cuidado complementario.

Una de las ventajas de ello es, por supuesto, su costo por demás accesible, ya que se trata de un sistema que no necesita ningún implemento tecnológico o de infraestructura: sólo hacen falta 10 o 15 minutos diarios para poder conectarse con la Energía Vital Universal y disfrutar de sus extensos beneficios.

Según el testimonio de algunos médicos que lo están aplicando, el Reiki acelera la recuperación postquirúrigica, mejora la actitud mental de los pacientes y reduce los efectos negativos de los medicamentos y de otros procedimientos médicos. Además de esos beneficios, advierten también: menos dolor, más relajación, mejor calidad de sueño, más apetito y una mayor cooperación.

Estos facultativos dan cuenta, asimismo, de un factor adicional, para nada menor: a los pacientes les gustan las sesiones de Reiki y una vez que han probado, siempre solicitan continuar.

Reiki, empresa y grupos de trabajo

Incorporar Reiki a una empresa, grupo de trabajo, negocio o equipo deportivo, producirá un beneficio real y concreto, en pos de lograr puntualmente las metas deseadas, uniendo fuerzas y visualizando un objetivo común al grupo, de modo tal de generar la dinámica necesaria que los llevará al éxito, tanto grupal como personal. La incorporación de este sistema no requiere de ningún cambio profundo en la organización: sólo se suma a ella, para mejorarla en todo sentido.

Algunas de las áreas que se benefician y potencian con el Reiki, son:

- La creatividad.
- La energía mental positiva.
- La resistencia, tanto física como psíquica.
- La capacidad de producción.
- La comunicación en todos los niveles.
- La sociabilidad del grupo o equipo.
- La visión y concreción de metas en común.

Enviar Reiki al planeta

El planeta Tierra es un ser vivo agredido de forma constante en sus cuerpos físico y energético por quienes lo habitamos: aumento sin precedente de los productos de desecho, superpoblación, agotamiento de recursos naturales no renovables, contaminación atmosférica, "lluvia ácida", etc. Por otra parte, y tal como es sabido, multitud de especies, tanto vegetales como animales van desapareciendo para siempre, acabando poco a poco con la diversidad biológica. Por si todo eso fuera poco, el camino de la humanidad está plagado de confusión, injusticias, desequilibrios, contradicciones, violencia y destrucción. En consecuencia, hay millones de personas inmersas en situaciones de conflictos varios: guerras entre países o civiles, invasiones de un país a otro y atentados terroristas, frutos todos ellos, ya sea del fanatismo político, étnico o religioso.

Es decir, tanto el planeta Tierra como sus habitantes y, entre ellos muy especialmente los seres humanos, debido al desarrollo anómalo de su conciencia, sufren las consecuencias de una civilización no suficientemente basada en los principios éticos, el respeto y la compasión. Ésas son las malas noticias, que todos conocemos, acerca del mundo. Pero hay una buena nueva: los practicantes del Reiki pueden influir muy positivamente en la mejora efectiva de todo lo señalado y descripto líneas más arriba.

Quienes estén iniciados en el segundo nivel o en uno superior, pueden enviar Reiki a distancia durante 15-20 minutos diarios al planeta Tierra y a sus habitantes, para que se solucionen todos los problemas anteriormente mencionados de la manera más armónica y adecuada posible. Para hacerlo, es aconsejable utilizar un "testigo", como por ejemplo, una esfera de cuarzo que represente al planeta en su conjunto o una foto de la Tierra.

Una manera de hacerlo (no la única, por supuesto) es la siguiente:

- Elegir un lugar tranquilo donde se esté a salvo de sufrir interrupciones.
- Una vez allí, realizar unos sencillos ejercicios de relajación y tomar conciencia de que el planeta Tierra necesita ser protegido y sanado.
- Conectar con la Energía Vital Universal, utilizando algún o algunos de los símbolos aprendidos e incorporados en la instrucción.
- Tal como lo adelantamos, conviene que se utilice un "testigo" que represente al planeta Tierra durante la sesión.
- Tomar contacto con el objeto testigo y concentrarse en la siguiente idea: "Esto representa al planeta Tierra durante esta sesión de sanación a distancia".
- Luego, focalizar en el siguiente pensamiento: "Envío esta energía Reiki al planeta Tierra en su conjunto, para que la hu-

manidad pueda ver la luz, respete a la madre naturaleza y cuide el medio ambiente; para que reine la paz, la armonía y la justicia; para que predomine la compasión entre todos y para lo que este planeta más necesite".

- Dibujar sobre el objeto testigo los símbolos del Reiki, al tiempo que se piensa o se pronuncian sus correspondientes mantras.
- Canalizar Reiki durante unos 15 ó 20 minutos.
- Si resulta oportuno, agradecer a los Seres de Luz y a los Guías su colaboración.

CAPÍTULO 16

Posibles problemas

Si bien, la Energía Vital Universal es de signo total y absolutamente positivo, es necesario dedicar un capítulo en un libro como el que nos ocupa a los posibles inconvenientes que puedan llegar a surgir en un tratamiento con Reiki, así como a pasar revista a ciertas situaciones en las cuales es mejor abstenerse de aplicar Reiki.

¿Puede el Reiki tener efectos negativos?

Para el Reiki, no existen contraindicaciones ni efectos secundarios negativos. Asimismo, no es posible una sobredosis porque el proceso se autorregula y se limita a la capacidad receptiva de absorción del paciente. Sin embargo, para aplicarlo de manera responsable deben tomarse algunas precauciones:

- Si hay roturas de huesos, para dar energía a la zona, es necesario esperar a que aquellos hayan sido colocados correctamente.
- No debe aplicarse Reiki mientras se desarrollan operaciones quirúrgicas, para evitar que interfiera con los efectos de la anestesia.
- Debe evitarse también dar Reiki sobre marcapasos y cualquier aparato similar, para evitar interferir en su funcionamiento.
- En general, no es recomendable aplicar Reiki directamente sobre zonas en las que existan implantes metálicos.

- La energía Reiki debe aplicarse a las quemaduras sin tocar la piel, desde unos centímetros de distancia. Con las heridas descubiertas ocurre otro tanto: no deben tocarse, sino darles energía desde una corta distancia.
- En el caso de embarazadas, se puede aplicar Reiki una vez pasados los primeros meses, cuando el peligro de un aborto espontáneo haya desaparecido.
- Es preferible no tratar con Reiki a personas con esquizofrenia o cualquier otro trastorno grave de personalidad, tales como depresión endógena o psicosis, ya que existe la posibilidad de que puedan experimentar crisis de sanación o crisis curativa (ver más abajo) no controlable por el reikista. Las crisis de sanación que a veces acompañan a los tratamientos energéticos pueden ser molestas, pero en general no entrañan peligro alguno. Sin embargo, en trastornos graves de personalidad, una crisis de ese tipo podría producir alteraciones no controlables mediante el Reiki y, por lo tanto, la prudencia aconseja abstenerse de enviar Energía Vital Universal a quien padece este tipo de dolencias.

¿Y si el Reiki no funciona?

Es necesario decirlo: el Reiki no es "infalible" –si bien siempre funciona, como se explicará a continuación– y, en algunos casos, no surte el efecto deseado o esperado. ¿Los motivos? La transmisión de Energía Vital Universal, como tal, funciona sin excepción, siempre y cuando pueda fluir en un caso concreto, esto es, en un paciente. Pero si éste no quiere recibir Reiki, la Energía Vital Universal no fluye. Esto es lo que sucede con pacientes escépticos o descreídos. La persona que no cree en el Reiki, difícilmente pueda disfrutar de los beneficios. Pero... ¡atención! Eso no constituye una falencia de la Energía Vital Universal, sino de la persona en cuestión. Sucede exactamente lo mismo con otros métodos terapéuticos. El mejor psicoanalista, por ejemplo, nada podrá hacer si quien se acuesta en su sillón a contarle lo que lo aqueja no está convencido de que el psicoanálisis pueda ayudarlo a solucionar sus problemas. En casos como estos, se impone la premisa del maestro Usui: no se debe intentar dar Reiki, por motivos éticos, a una persona que no quiere recibirlo.

Otro caso diferente es el del paciente que desea recibir Reiki de manera consciente pero que, inconscientemente, lo rechaza. Si se detecta esa resistencia habrá que ocuparse del problema de la falta de confianza antes de continuar con el tratamiento de Reiki propiamente dicho.

¿Y qué puede suceder si el paciente está totalmente "entregado" al tratamiento, no evidencia desconfianza y, sin embargo, no se producen las mejoras esperadas? En estos casos, pueden estar operando los siguientes factores:

- La impaciencia y la ansiedad.
- El exceso de esperanzas en el resultado.
- La incapacidad del terapeuta y/o del paciente para reconocer los cambios que se han producido o para esperar que éstos, efectivamente, se produzcan.

Las crisis curativas

A veces sucede que, al poco tiempo de comenzar un tratamiento de Reiki, no sólo permanecen las molestias que supuestamente deberían haberse aliviado o desaparecido sino que, incluso, se agravan. Este fenómeno también se puede observar en otras formas de medicina no tradicional energética, tales como la homeopatía y la terapia de las flores de Bach. Y al igual que en los otros casos que acabamos de mencionar, la manifestación más aguda de las molestias existentes no es una señal de que el Reiki no haga efecto o sea contraproducente, sino que evidencia exactamente todo lo contrario: que la Energía Vital Universal está realizando su trabajo.

El Reiki consigue que se disuelvan los bloqueos y que las energías del cuerpo comiencen a fluir más libremente; es por ello que el receptor del tratamiento se vuelve más sano. Sin embargo, este proceso de disolución viene, no pocas veces, acompañado de lo que se conoce como *crisis curativa*: las molestias no desaparecen simplemente, sino que para hacerlo tienen que alcanzar un determinado punto culminante. El Reiki acelera y facilita esta fase. Las crisis de sanación son siempre un indicio inequívoco de que está ocurriendo algo importante en el organismo.

Las crisis curativas generalmente aparecen de 12 a 24 horas después de una sesión de Reiki pero, en la mayoría de los casos, desaparecen al poco tiempo.

Algo importante: las crisis curativas, en caso de que se produzcan, no necesariamente deben manifestarse en el ámbito corporal. A veces reaparecen viejos problemas y conflictos (preocupaciones, tristeza o miedos) que aparentemente se habían superado hacía tiempo.

CAPÍTULO 17

Gemas y cristales: auxiliares de la Energía Vital Universal

Si bien el Reiki es un sistema completo en sí mismo, lo cierto es que algunos reikistas, en algunas circunstancias, se munen de determinados "ayudantes" a fin de facilitar su tarea. A pesar de que muchos terapeutas Reiki son sumamente reacios a emplear cualquier tipo de auxilio, lo cierto es que los cristales y las gemas constituyen un valioso complemento.

¿Por qué los cristales y las gemas favorecen el Reiki?

Los cristales y las gemas poseen una estructura interna que tiene una gran afinidad con las vibraciones electromagnéticas de nuestro organismo. Ahora bien, al contrario que nosotros y, debido a la perfección de su configuración molecular, la vibración que emiten es continua y equilibrada. Los cristales y las gemas se hallan rodeados de un campo electromagnético, comprobable con la cámara Kirlian, y es tal su perfección estructural que su campo energético posee la cualidad de sanar otras áreas energéticas desequilibradas con los que entran en contacto. Para decirlo de manera un tanto más científica: las gemas y los cristales, al poseer una pauta de vibración fija y uniforme, tienen una estructura regular que emite una energía constante y estable. Por esa razón, están considerados "sustancias de libre resonancia".

De manera contraria, el cuerpo humano es una "sustancia de resonancia forzada", ya que tiene una pauta de vibración fluctuante. Cuando una persona se encuentra desequilibrada en general o, de manera más acotada, tiene algún o algunos de sus chakras bloqueado o algún tipo de impureza energética en su sistema áurico, las vibraciones de gemas y cristales pueden proporcionar armonía a la actividad molecular a través de la resonancia y el equilibrio.

El poder del cuarzo

En líneas generales, el cuarzo es el cristal más adecuado para ser utilizado como herramienta de sanación, debido a la calidad y a la potencia de su campo vibratorio. Se trata de una gema cuya estructura particular se caracteriza por una equilibrada energía. Asimismo, emite vibraciones de una pureza extraordinaria y en eso radica buena parte de su poder terapéutico. Dicho en otras palabras: esa característica de la gemas y cristales a la que aludíamos antes, de ser sustancias de libre resonancia, según las investigaciones llevadas a cabo hasta el momento, parecen encontrar en el cuarzo su máximo exponente.

Si al aplicar una sesión de Reiki tomamos un cuarzo en cada mano, se estimulará enormemente la entrada de Energía Vital Universal por los chakras correspondientes.

Las gemas para cada chakra

Así como el cuarzo es una suerte de "sanador universal" en cuanto a piedras, cada uno de los chakras, de acuerdo a su correspondencia cromática y energética, podrá asimismo ser estimulado por otra gema en particular.

Esto se debe a que (además de tener una zona de irradiación y un elemento regente, tal como lo explicamos en el capítulo correspondiente) cada chakra o núcleo energético tiene multiplicidad de correspondencias: con un color, con un planeta, con un metal, con un aroma... y también con una gema.

A continuación se mencionan cuáles son las piedras y cristales más adecuados para armonizar la energía de cada chakra:
- Primer chakra (básico, raíz o fundamental): granate, rubí y cuarzo rosáceo.
- Segundo chakra (del bazo, sacro u ombligo): citrina, topacio, jaspe y ámbar.
- Tercer chakra (solar): malaquita, pirita de hierro y calcitas color miel.
- Cuarto chakra (corazón, cardíaco, cordial o anímico): jade, esmeralda y calcita color verde.
- Quinto chakra (laríngeo o garganta): turquesa, lapizlásuli y aguamarina.
- Sexto chakra (frontal, del entrecejo o tercer ojo): diamante, brillante, turmalina blanca y jade blanco.
- Séptimo chakra (corona, coronilla o coronario): amatista, zafiro y azurita.

Cómo preparar gemas y cristales para el Reiki

Por supuesto y, tal como se podrá imaginar, no se trata de munirse de una piedra cualquiera y utilizarla en una sesión de Reiki, sino que son necesarios algunos cuidados para que la gema o el cristal en cuestión cumplan su cometido otorgando el máximo de sus maravillosas posibilidades. Algunos puntos básicos a tener en cuenta son:
– Las gemas y los cristales a ser utilizados pueden adquirirse en un comercio dedicado a tal fin, recogerse de un yacimiento, recibirlas como obsequio o herencia, etc. Su procedencia es, en cierta forma, intrascendente, siempre y cuando se tenga en cuenta algo: que no tenga alguna veta negativa en su origen, tal como ser robada o regalada por una persona que no nos merece plena confianza, por ejemplo.

- Es importante que su forma sea lo más armónica posible y que no esté dañada, para que las vibraciones que emite sean del todo equilibradas.
- Antes de comenzar a utilizarlas es importante (si bien no imprescindible) consagrarlas para el fin con que van a ser utilizadas. Para ello se debe:
  - Lavarlas con agua fría y sin jabón u otra sustancia similar. Sólo es necesario que el agua fría corra sobre ella.
  - Dejarlas que se sequen en contacto con el aire, sin usar ningún paño ni toalla.
- Luego de utilizarlas, repetir siempre el mismo procedimiento: lavarlas con agua fría y dejarlas que se sequen en contacto con el aire.
- Guardarlas siempre en una bolsita preparada para tal fin, confeccionada en tela.

CAPÍTULO 18

El Reiki y su vinculación con otras terapias

En este último capítulo, abordaremos algunas relaciones del Reiki con otros métodos terapéuticos (tanto de los llamados "tradicionales" como "alternativos"), de tal modo que el lector pueda tener más claro cómo ayuda la transmisión de Energía Vital Universal a otras ramas de la medicina.

El Reiki y el masaje

El Reiki resulta por demás conveniente para complementar cualquier tipo de masaje: californiano, tailandés, shiatsu (ver apartado correspondiente), etc. La razón de ello radica, fundamentalmente, en que, dado que la energía es irradiada a través de las manos, resulta fácil dar Reiki al mismo tiempo que durante un masaje. Por supuesto, cuando ambas acciones se producen de manera simultánea, el masaje adquiere una calidad absolutamente nueva, básicamente porque no sólo disuelve tensiones musculares superficiales sino que tiene el poder de hacer otro tanto con los bloqueos energéticos más profundos ya que, gracias al Reiki, éstos se reconocen y disuelven con mayor rapidez. La energía puede fluir de nuevo libremente y el masaje se convierte en un tratamiento verdaderamente global. Además, la sesión en general se hace más agradable y, como se podrá apreciar, tiene un mayor y más profundo efecto.

El Reiki y el shiatsu

El shiatsu es un tipo de masaje japonés que, actualmente y debido a su difusión en el mundo occidental, combina conocimientos de la antigua medicina china, de la tradición japonesa del masaje y de la quiropraxia americana.

En japonés, la expresión *shiatsu* significa "presión de los dedos", y ese método consiste, básicamente, en aplicar presiones con los dedos pulgares y con las palmas de las manos sobre determinados puntos, a fin de mejorar la salud y activar la capacidad de autocuración del cuerpo humano. Sin embargo, si sólo se tratara de eso, el shiatsu no se diferenciaría de la digitopuntura y, de hecho, lo hace, ya que combina esas presiones de los dedos con masajes, técnicas respiratorias y movimientos de las articulaciones.

Las presiones a las que aludíamos se ejercen en puntos determinados que se encuentran sobre los meridianos, circuitos por donde circula la energía, de manera tal que no resulta un método tendiente a producir un efecto puramente físico, sino que tiene en cuenta, además, procesos energéticos.

Por esa razón se encuentra emparentado con el Reiki, y ambos métodos resultan muy compatibles; más aun: se retroalimentan de manera por demás positiva. Cuando durante un tratamiento de shiatsu, además, se da Reiki, los meridianos se armonizan más rápidamente y, por ende, se disuelven de manera más fácil los bloqueos.

A ello, naturalmente, hay que añadir todas las ventajas mencionadas en el apartado sobre Reiki en combinación con el masaje, puesto que el shiatsu es también un tipo de masaje.

El Reiki y la acupuntura

De manera similar al shiatsu, la acupuntura actúa sobre los puntos específicos de energía ubicados a lo largo de los meridianos del cuerpo humano. Sólo que, a diferencia del ya explicado masaje japonés que opera básicamente por presión de los dedos y las palmas de las manos, la acupuntura lo hace con agujas especiales que se dejan en el lugar indicado determinada cantidad de tiempo de acuerdo a los beneficios que se desea recibir. Nuevamente, por ser la acupuntura una disciplina medicinal que hace mucho hincapié en el aspecto energético, resulta sumamente compatible con el Reiki y éste constituye un excelente apoyo para optimizar los resultados del milenario método de la acupuntura.

El Reiki y el Yoga

El Yoga, en cualquiera de sus múltiples variantes (Hatha Yoga, Laya Yoga, Mantra Yoga, etc.) no es una terapia en el sentido estricto del término, pero vamos a abordarla, ya que sí se trata de una serie de técnicas tendientes a propiciar el bienestar integral del ser humano. Para tratar de resumirlo, podríamos decir que consiste en un conjunto de ejercicios de control de la respiración que, combinados con determinadas posturas, denominadas *asanas* y todo ello orientado a la actividad meditativa, constituyen un camino energético que permite arribar a una mayor integración entre los planos físico, psíquico y espiritual.

El Reiki es un excelente complemento del Yoga ya que, las posturas o asanas a las que nos referíamos tienen, entre otras consecuencias, la de armonizar la energía corporal, y el Reiki, al hacer otro tanto, incrementaría los beneficios de practicar Yoga.

El Reiki y la medicina homeopática

Hacia principios del siglo XIX, Samuel Hahnemann desarrolló un método que distaba bastante de aquellos que caracterizaban a los de la medicina tradicional: se trataba de la homeopatía o medicina homeopática, tendencia que hoy en día cuenta tanto con detractores a ultranza como con defensores del mismo tenor. ¿Cuáles son los fundamentos básicos de la medicina homeopática? El primer principio, que también dio nombre al método, es el de la similitud, o sea, aquel que reza: "lo semejante cura lo semejante". De esa manera, desde esta perspectiva, las enfermedades se curan con sustancias que provocan síntomas similares a los de la dolencia en cuestión, pero administrados en pequeñas dosis. El segundo principio es el de la potencia. "Potenciar" en homeopatía quiere decir "diluir", acción que se realiza de una forma preescripta con gran exactitud a fin de asegurar que la información del remedio se transmita con fuerza potenciada o ampliada. Aunque para la medicina alopática suene paradójico, desde la perspectiva homeopática, cuanto más se ha potenciado (o sea, diluido) un remedio, menos sustancia material contiene, pero –precisamente por ello– más fuerte será su potencia.

La razón que sirve como base a estos dos principios y que, en cierta medida, permite que el lego comprenda –o, al menos, tenga un atisbo de hacerlo– las aparentes paradojas homeopáticas, es que la homeopatía clásica no funciona en el plano material, sino en el energético y, por lo tanto, en esencia se parece más al Reiki que a la medicina convencional. Es por ello que los dos métodos combinan muy bien y, si mientras se sigue un tratamiento homeopático, se toman sesiones de Reiki, los efectos de la primera de las terapias se verán notablemente amplificados.

El Reiki y las flores de Bach

El británico Edward Bach, creador del más famoso método terapéutico floral, era en un principio un médico convencional que un día, luego de muchas elucubraciones, búsquedas y prácticas, llegó a la conclusión de que no debía curarse el síntoma sólo, aislado, sino al ser humano como totalidad, como ente integral que se encuentra enfermo. Por ello, abandonó su profesión como médico convencional y, en adelante, se dedicó a la búsqueda de remedios integrales. De esa manera, descubrió 38 remedios, 37 esencias florales y el agua de fuentes naturales.

La gran ventaja de la terapia de las flores de Bach es que responde con una ayuda directa y profunda a problemas psíquicos muy específicos, que a su vez, pueden ser detonantes de molestias físicas. Así, por ejemplo, el alerce está indicado para quienes sufren de baja autoestima, el álamo temblón para los individuos que experimentan temores, y el olivo para aquellas personas que se encuentran mental o físicamente exhaustos.

Las esencias de las flores de Bach se preparan siguiendo un método especial, el cual, de manera similar a la homeopatía, tiene como meta principal transmitir la energía, la fuerza vital de la flor a la esencia. En el método de las flores de Bach, no son los componentes materiales de las flores los que actúan, sino exclusivamente la energía del remedio en cuestión. En consecuencia, la terapia de las flores de Bach es también un método energético, de materia etérea y, por lo tanto, similar al Reiki y muy compatible con éste, que puede aumentar y complementar el efecto de la terapia de las flores de Bach.

Existen dos maneras básicas de hacerlo. Una de ellas es que el paciente que está tomando flores de Bach concurra regularmente a sesiones de Reiki. Otra es aplicar el Reiki sobre el preparado de flores, de manera tal de potencializarlo.

El Reiki y la psicoterapia

Hablar de psicoterapia supone abrir un abanico sumamente amplio que incluye multiplicidad de técnicas de diagnóstico y curación para un objetivo básico: reducir el sufrimiento psíquico. Pero, decíamos, las escuelas y tendencias son múltiples y variadas. Está el psicoanálisis que intenta llegar al origen de los problemas a través de asociaciones e interpretaciones de la infancia; la terapia transpersonal, que acepta la posibilidad de experimentar una amplia gama de estados de consciencia a partir de los cuales modifica conductas erróneas; la terapia conductista, que se concentra sobre todo en las experiencias de aprendizaje que han desembocado en el problema actual. Y la lista de escuelas podría seguir.

Pero, independientemente del tipo de psicoterapia aplicada, casi siempre es indicado reforzarla con Reiki, siempre y cuando no se esté ante un caso de enfermedad mental grave o de trastorno pronunciado de la personalidad. Tal como se indicó en el capítulo 16, en el caso de trastornos de esa índole, es conveniente no utilizar Reiki, por una simple cuestión de prudencia, ya que podría desatar reacciones inesperadas que pueden ser manejadas por un psiquiatra, pero no por un terapeuta reikista.

Cuando no es el caso y se acude a una psicoterapia para, por ejemplo, superar una crisis personal o como modo de autoconocimiento, el Reiki resulta un complemento ideal.

El Reiki y la medicina convencional o alopática

Los métodos de la medicina convencional se pueden complementar muy bien con la transmisión de Energía Vital Universal. Si se añade Reiki a un tratamiento médico convencional, fomentará sus aspectos positivos y suavizará aquellos otros de índole negativa. Por ejemplo, en el caso de los enfermos de cáncer, el Reiki es de mucha ayuda para paliar los desagradables efectos de la quimioterapia, así como para optimizar sus cualidades curativas. Pero, nunca es demasiado que se insista en ello: **la terapia de Reiki no sustituye el tratamiento convencional, sólo se suma a él**. Si alguien tiene un proceso infeccioso, debe ingerir antibióticos imperiosa y necesariamente; el Reiki sólo ayudará al proceso de curación.